the

Japanese art

of nourishing

mind, body,

and spirit

滋养心灵、

身体与灵魂的

日式生活艺术

金缮
生活法

〔美〕坎迪斯·熊井 著

闫 茗 译

KINTSUGI
WELLNESS

滋养身心的
日式生活艺术

きんつぎ

北京联合出版公司
Beijing United Publishing Co.,Ltd.

おばあちゃん
我が家の長である祖母へ
あなたの生涯を誇りに
思い，祝い
あなたと日本の方々に
敬意を込めて
この本を捧げます。
深い感謝を込めて
引き継いでいきます。

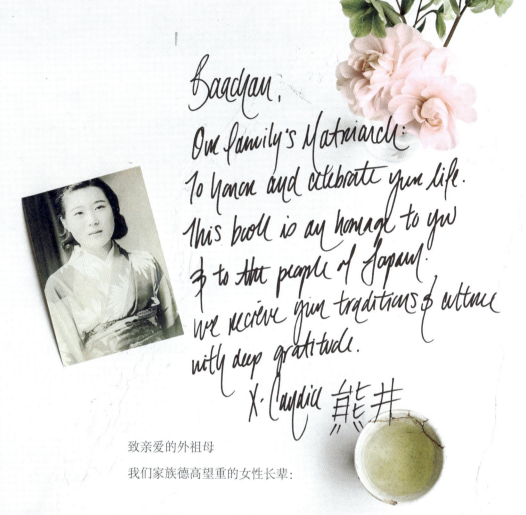

Baachan,

Our family's Matriarch:

To honor and celebrate your life.
This book is an homage to you
& to the people of Japan.
We recieve your traditions & culture
with deep gratitude.

X. Candice 熊井

致亲爱的外祖母

我们家族德高望重的女性长辈：

为您献上我一生的思念和祝福。

谨以此书传达对您与日本诸位的敬意。

我将深怀感激之情，继承你们的传统。

坎迪斯·熊井

目　录

引　言

我用三十多年的时间写完了这本书。不是因为我不想写这本书——其实，我倒是一直很想写这方面的内容，可一旦要把相关的文字写下来，我却又非常恐惧。在很大程度上，日本文化重视错综复杂的细节、精确度以及准备工作，我从来不觉得自己已经"足够优秀"或者"准备得足够充分"来写这样一本书，谈论那些伴我成长的文化传统以及那些塑造了我的生活与事业的哲理。

我最终认定，要想让自己准备好，或者说有资格围绕这一话题进行写作，我需要回到我母亲在日本的故居，去与那些我平日里不常见到的亲友共度时光，去品鉴日本的风味，去观察这个国度的传统与仪式，去感受这个国家的节律与脉搏。正因如此，几年前，我买了张票，装好自己的行李，向东行去。

从五岁开始，我就已经到日本旅行过很多次，但这次，从抵达的那一刻起，我就知道这会是一次与先前迥异的旅程。在飞机着地的那一刻，我觉得自己仿佛回家了。我告诉自己，要勇敢，要向这次机遇敞开心扉，而且要学习一切我可以学习的东西。事实上，我当时刚刚与旧爱分手，内心还在隐隐作痛。我当时的心情十分迷茫。我的身体还很疲惫。我感到自己支离破碎，私心希望这次旅程可以治愈自己。

在过去几年的十次旅行中，我经历过日本的四季。在春天这个樱花盛放的季节里，我领略了当地的赏花活动 [1]，还跟住在日本南部的小姨婆卓子学习了抹茶道。夏天，我在东京与堂兄一起自制日本料理，又在高野山与僧侣们一起生活。到了秋天，我徒步游览了四国岛的神庙，又回到东京，向日本和食老师学习如何烹饪。冬日里，我在新潟与朋友们一起喝清酒，在松山吃美味的火锅，还在祖谷造访了我最喜欢的温泉浴场。日本每年都会经历这四个季节，而日本人适应并欣赏其间的一切——雨、雪、风暴——总之，他们欣然接受自然所带来的一切。

有一天，我在京都金缮技艺大师津吉先生的家庭工作室观摩他的工作。他让我想起了我的外祖父（一位印象派画家，有着自己的智慧和艺术特征，并且才华横溢）。他小心翼翼地将陶器碎片粘接起来，把它们重新拼合成一个整体，然后用黄金涂抹裂缝。当我看着这个才艺兼备的人将他的精力和心魂投入这一工艺，并让这些碎片重新成为容器、焕发生机时，我感到无比震撼：金缮艺术是一种我们每个人都需要且值得拥有的自我管理之道。

金缮技艺被应用于一些容器，它们虽已破损，却为人所爱。那些用来弥合碎片的黄金，蕴含着艺术家的关怀与热爱，而最终完成的作品会比先前更为美丽。

我们也应当如此。而且，我们不必等到自己的情绪支离破碎了再去享受这份礼物。通过自我管理以及自我接受，我们可以治愈自己、发展自己，并且获得成长。我的旅行教会了我很多，而且，当旅途结束，离开日本时，我感到自己的心灵、身体与灵魂都得到了治愈。学会如何振作使我变得更为强大、坚韧。

在我写这本书时，我与我的女性朋友们聊过，听到了许多相似的故事。

---

[1] 译注：日文写作"花見"。

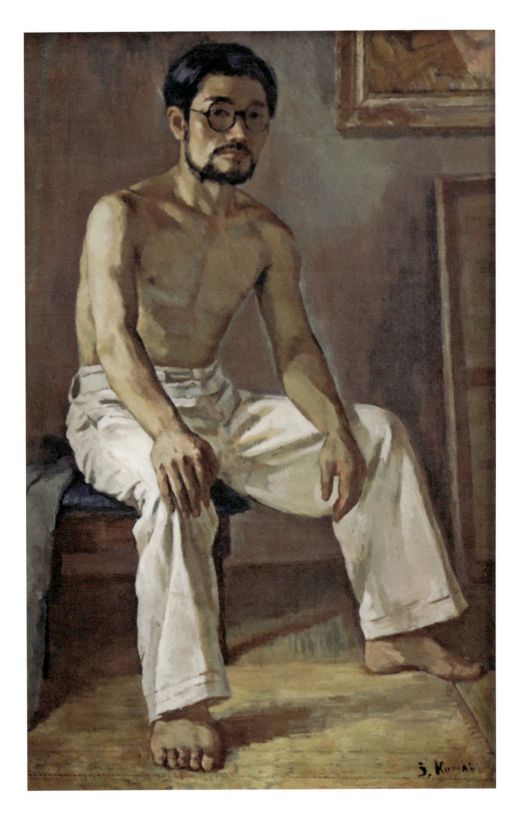

我意识到，我们中的太多人有过身心俱疲或心碎的经历，抑或觉得自己不够好——这样的想法占据了我们太多时间。我们总是对自己太过苛刻，久而久之，很容易忽视这个事实：我们自己也应当拥有良好的自我管理，以维持自己的健康与幸福。金缮技艺正是要庆贺我们自身的不完美。它告诉我们，我们会因自己的瑕疵、伤痕以及经验而变得更为美丽。

日式生活理念引领着本书全文。我将这些理念归于四个部分：精神、饮食、生活方式以及心灵。在上述的每个部分中，你都能找到一些简单的仪式，它们都曾在治愈我的过程中起到作用。在日本，各种仪式是日常生活的重要组成部分。这些练习可以提醒你什么才是重要的，进而让你在珍视过去的同时活在当下。

我希望这本书可以为你提供这样一种金缮之术，它能够让你感到自己是完整的、充满活力的、幸福而健康的。能够将我的收获、我家族的传统还有我的内心所得分享给你们，我感到很振奋。

请多保重！

坎迪斯·熊井

◁ 我外祖父的自画像：熊井润的艺术作品是我们家族艺术的生命线。他是一个反叛者，超越了他所在的时代，而且在他的领域也是一位开拓者。在 1970 年到 1980 年间，他一边环游世界，一边进行绘画工作。他对于欧洲有着发自心底的深沉的爱。他是一位真正的手工艺者。

I

健 康 振 奋 起 来

1

金　　　缮

日　本　的
黄　　　金
修　复　技　艺

就日文中的汉字而言，"金缮"这个词的意思是：

"金"——黄金；

"缮"——修复，继承，完成，继续。

金缮是我的心脏。它是我生命的圣歌。

是金缮艺术让我成为现在的自己。

金缮——用漆密封、用金粉仔细覆盖破碎器皿的裂缝，以达到修复的效果——是一门非凡的技艺。日本人认为，这些密布的黄金裂缝让器皿本身变得更加珍贵，价值更高。

如果将这种技艺视为生活的隐喻，那是十分美妙的。你可以将生命中那些破碎的、艰难的或者痛苦的部分当作发光源，它们闪着金黄色的光芒，美丽动人。金缮技艺教给你这样一个道理：那些过往受的伤会使你更强大，也会让你比以前更好。当你认为自己已然支离破碎，你还是可以拾起那些散落在地的碎片，将它们再次拼合到一起，然后学会拥抱裂缝。

我们中的许多人一直在努力让自己变得更好，不断为自己充电，或者尽力让自己不落后于人。我们坚持不懈地寻觅着自我修复的秘密，但我们知道，从某种深层次的意义而言，其实根本没有秘密。为了治愈自我，为了感知完整的自己，我们必须进行"金缮式修复"。

　　曾经有好几年的时间，我都是在一定程度的心碎中度日。但那时候的我并没有意识到这件事，没能很好地照顾自己。我一直认为自己需要不断向前，总是严苛地要求自己。我的内心深处承载了许多挥之不去的愤怒，有时是悲伤，而绝大多数时候是对归属感的渴望。我从来没有打心底里觉得自己"足够好"，总是希望从外界寻求肯定。

　　在我的成长过程中，妈妈和爸爸对我和姐姐珍妮十分严厉，他们总是期望我们能做到最好。后来我逐渐意识到，他们的生活理念根植于日本传统文化的信条：不断进步（改善）、尽自己最大的努力（頑張って）、十分用心（気お付けて）以及懂得感恩（感謝）。父母在珍妮和我还很小的时候就将这些处世方式教给了我们，所以我们一直铭记于心。当生活的挑战不可避免地出现时，我们会把它们当作自我治愈的良机、更加努力工作的时机、提升自我的机会，以及最终因为艰难时光而变得更加坚韧的契机。

　　日本文化中有这样一句谚语：

　　　親の背を見て、子は育つ。おやのせをみて、こはそだつ。

　　这句话的意思是："孩子们通过观察父母的行为来学习，而不是通过他们的言语。"我的父母并没有将上一段中的那些价值观口头讲述给我们，相反，他们在生活中展示给我们看，他们总能做到以身作则。他们教育珍妮和我，那些理念可以帮助我们成为真正的自己，并得到自己一直追寻的东西。

　　这些理念也会对你产生相同的作用。但我现在所谈论的这条路，并不是最为顺畅的一条。它更像在我们眼前慢慢铺成的人行道，当我们迈出旅程中的下一步时，它也会进一步延伸。你的旅程就是你的故事，与其他任何人的故事都不同。让你变得如此特别的，正是你当下铺就的人生道路。你的故事里包含了让你变得独特且珍贵的一切，而你的故事也是献给这个世界的礼物。

从表面上看，我可能显得很自信，甚至强大。但实际上，我依然在很努力地填补自身的裂缝。在我的心上，你会发现一道又一道裂缝，它们来自我的心碎、"不被社会接受"的感觉、"差异"感以及"认为自己不够好"的童年记忆。多年来，带着这些裂缝生活，我有种深深的缺失感。

在我职业生涯最初的十二年里，我从未停歇。当时的我完美地践行日式工作模式，努力工作，在任何方面都全力以赴（即"頑張って"理念，可参照第 221 页后面了解更多）。但当时，我没有好好照顾自己。除了在节假日期间看望家人之外，我从不休息，甚至在探亲期间，我也不停止工作。我害怕自己一旦停下，其他人就会追赶上来。

之后，我开始研习我所继承的文化传统，并开始将自己支离破碎的过去拼合起来。这一过程需要很大的努力才能完成，但是慢慢地，我过往人生中的那些裂缝开始愈合了。

自上幼儿园以来，我曾多次前往日本旅行。最近几年，妈妈和我会在日本见面，然后一起拜访家族成员。她每次都会提醒我："别忘了带一点外婆（我的日本外祖母）的东西。"在经历了几次环球旅行之后，其中的一些物件不可避免地破碎了。但我从没有把它们扔掉，而是将那些碎片保存起来，这样，我就能用漆将它们重新黏合，然后覆上金粉。

我开始在安静的周末画画，用金缮技艺将所有的裂缝都封好。对我而言，这种技艺是一种治疗方法，也是一种反映自我生活的艺术形式。

在日本，人们敬爱长辈，尊重那些逝去的人。在这本书的写作期间，

▲ 1987 年，日本京都。妈妈和我：我们对于赏樱的无限热爱将会一直持续下去。

我温柔慈爱的外祖母安详地离世了，享年 96 岁。在此向我们家族的女性领袖表示敬意：她在第二次世界大战结束后，将四个女儿抚养成人。外祖母生前总是容光焕发，为人温暖又充满爱心，仿佛只要她在，整个房间都是明亮的。

在外祖母去世一周年时，妈妈、珍妮和我回到日本参加了追悼会。我们想要和其他家庭成员一起，对她的生命表达尊重和敬意。我们还计划一起去看樱花，这也是十多年来的第一次。

▲ 日本九州岛，别府市：妈妈、珍妮和我在为外祖父、外祖母以及他们的魂灵祈祷。

　　在那次旅途期间，我前去拜访了一位金缮技艺大师——津吉老师，并跟随他研习金缮这门传统技艺。他大方地允许我参观他在京都的家庭工艺作坊，并向我展示了他的作品，讲述了金缮的历史。

　　我了解到，金缮是一门已经存在几个世纪的古老艺术，它于15世纪中期开始兴盛。在室町时代（1334—1573年），如果日本仆人打破了主人的物品，他们会将这件破碎的物件交给金缮技师做修复。但故事并未结束，在某些情况下，仆人会自杀谢罪，以此来表明自己的忠诚。（我知道这种做法十分极端，我也不敢相信。）

　　值得庆幸的是，这种旧习如今已不复存在。但随着时间的推移，金缮成了一种颇具民族性的艺术形式，它不仅被用来修复破损的容器，也用来庆祝不完美。在跟随津吉老师研习金缮艺术时，我开始思考如何修复自己生活中支离破碎的部分。

　　这次旅程结束之后不久，有一天，我收到了一封信，署名"萨拉"，一个完全陌生的名字。她邀请我去毛伊岛的哈那参加一次名为"沉浸"的体验会。我并不知道有谁参加，也不知道到时候会做什么。行程安排写得很模糊——我差点要礼貌地拒绝这个邀约，但某种直觉还是让我接受了这个机会。

　　我收拾好行李，飞行近5000英里[1]，来到迷人的毛伊岛。下飞机时，我受到了"沉浸"会员工的欢迎，并开始和其他客人见面。我遇到的第一个人是保罗——一位来自芝加哥的优秀摄影师，之后是营养学家麦凯尔，来自纳什维尔。然后一位接一位，毛伊机场的客车载满了一些了不起的人。客车行驶了三个小时，带我们去往哈那，一个以治愈、宁静、平和闻名的神奇之地。

　　一共有五十位客人。在为期三天的旅程中，组织方鼓励我们通过小组研讨会来进行自我提升，唯一的强制性要求只是"出席"。

　　到第三天，我们对彼此都有了很深的了解。我们分享了各自根深蒂固的痛苦、病痛、个人的挣扎、深深的失落感、家人的离世——一切的一切。那天的课程进行到一半时，导师询问我们是否有什么新的感受。每个人都沉默了。其实，有很多思绪在我头脑中涌现。虽然分享自己的故事让我感到不太适应，但在我内心深处，有一个小小的声音在说："去吧，坎迪斯，轮到你了。没关系的。"我深吸了一口气，慢慢地走到所有人前面。四十九双眼

---

[1]　编注：1 英里 ≈ 1.609 千米。

睛顿时都盯住我。我开始颤抖，手掌也满是汗水，但我还是开始讲话了。

"嘿，大家好，我是坎迪斯，来自纽约市，经由圣地亚哥来到这里，"我开始讲述自己的故事，"大约一年前，我最好的朋友离开了我。"我继续说道，那天，交往了几年的男友回到我们共同生活的公寓突然告诉我，他要走了。三十分钟后，他已经在去往机场的路上。就这样，我所拥有的生活被彻底击碎。

在我分享自己的故事时，沉浸会的成员们特别安静，安静到可以听见针落地的声音。我向他们讲述自己如何努力度过那段痛苦的时光。我告诉他们家人如何鼓励我不要沉溺于情绪旋涡，而要立刻继续前行。按照传统的日式教育模式，家人在我很小的时候就教导我，不能将时间浪费在自怨自艾上。

当我带着泪眼环视房间时，我看到其他人的脸颊上也开始有泪水滚落。我永远不会忘记当时环顾房间里四十九张面庞时的感觉——他们中有职业运动员、制作人、编剧、导演、歌手、演员等你能叫出来的各行各业的人——我感受到，他们理解我心碎的感受。

之后，我们的导师告诉我，将双手放在心口，又告诉我身边的人，将手放在我身上，其他人则碰触那些和我有接触的人。四十九个人的心灵和一百只手正在与我的心产生连接。然后，导师鼓励所有人向我表达关怀，于是，一股满载爱和能量的洪流向我涌来。直到今天，我仍然能感觉到那股能量所带来的力量。我明白了，我生命中的每块碎片都可以重新拼接、复原。我也明白了，自己并不孤单。

在这个安全的空间里，我们都卸下了自己的面具，每个人都鼓起勇气

◄ 日本京都：津吉先生向我们讲述金缮技艺的历史。

展现自己的伤口。这段经历告诉我，每个人都有某些地方是破碎的。每个人也都有治愈自己的能力，都会从痛苦中解脱，变得更强。

在我们相处的过程中，一群完全陌生的人逐渐变成了一个互相支持的团体，我们分享彼此的故事和秘密，这里的每个人都能够理解他人。我一度觉得这里的所有人都是强有力的领导者，而后来我看到，他们都有不完美之处，这实在是一件令人感到宽慰的事，而他们的不完美反而让他们变得更为特别。

那天分享的每个故事都在鼓励其他人分享自己的故事以及治愈自己的心灵。我们交谈得越多，就越能认同这一点：将自己的伤口展现出来也不是什么大事。虽然我们可能没法一直保持勇往直前的心态，但我们必须记住，当自己竖立起心墙、不再分享自己的故事时，我们可能会伤害到身边的人。

通过金缮技艺，我们明白，感到受伤和沮丧也是完全可以的，去变得脆弱也没有关系。要接受这些事实，并且给自己一点时间进行分享、敞开心灵、感受同情心，这些都很有帮助。沉浸会的经历结束之后，我感觉自己更加留意生活了。我更专注于当下的时光，更能体会那些微小的快乐。但我还必须学习如何修补现实生活中自身的裂缝，这是必须做的工作。我回到纽约之后，那次体验对我来说就更加真实了。我必须对自己进行"金缮式"修复。直到现在，我还紧握着从陌生人组成的团队中汲取到的阳光、感恩、接纳以及成长。

无论你现在处于人生的哪个阶段，我都建议你认真回顾一下自己全部的人生经历，以及曾治愈和修复你的一切。大多数时候，我们不太关注自己的成长轨迹。我们生存在期待完美的文化氛围中，所以，当我们不再完美或者在事情脱轨时，我们会斥责自己。但有时，你需要多年的坚持、努力和奉献，才能更好地磨炼和掌握自己的完美技艺，才能看到更广阔的前景。

你已经有了很多值得纪念和已经修复的裂缝，针对它们稍作思考，并对经历过这段生命旅程的自己表示感谢。当你最终意识到自己是对的，并成为自己本真的样子，你一定能体会到一种非常美妙的感觉。

金缮记录着你的成长历程，使你不会忘记

就像你心灵的地图一样，金缮向我们展示着过往的经历，同时也揭示着真理。尽管会有挣扎、痛苦、考验和苦难，有时甚至根本不是你的错所致，但所有这些伤害都可以通过"黄金"来修复。从我们改变对过去人生的看法那一刻起，我们就已经从挣扎中解脱，蜕变成一个更加美丽、精妙的自我。通过这项工作，你的金缮裂缝真的变成了"黄金"。

金缮教会你自我关爱

金缮的要义也与宽恕有关，它是一种关于自爱的练习。接受自己的裂缝就意味着要接受自己、爱自己。在你能够做到宽恕别人之前，你必须先宽恕自己。在你为这一目标努力的过程中，你会发现，自己身上最美好也最有意义的地方，正是那些曾经破碎、随后又被修复、最终得以痊愈的部分。

学习金缮需要持之以恒

学习是金缮的一个关键要素，而且我们需要不断学习。我常常对自己那颗坚强的心诉说这些温柔的话："坎迪斯，你还有很多东西需要学。"如果想要练习日式健康生活法，你必须保持开放而诚恳的心态。我在努力进行这些练习，也在努力确保每一天都有所进步。但是，有一点我可以向你保证，那就是这项练习只需要敞开心扉并且坚持学习。

你的裂缝造就了你的美好

金缮的具体操作技术很美妙，但本书的内容并不会围绕它展开。我想要和你们分享的是与金缮相关的隐喻，即拥抱过去的创伤、痛苦以及内心挣扎，并认同它们的价值，而这也是我觉得能够打动人心的部分。你最大的痛苦、最深的恐惧——你经历过的所有挣扎——它们都永永远远地改变了你。如果你能透视我的内心，你就会看到那里遍布着金色的裂纹。一些裂纹很深，一些还在修复，还有很多裂纹正在生成。大家的内心看起来应该也相差无几。金缮正是这样一种生活方式，它告诉人们："没有人是完美无缺的。"这条实践之路并不平坦。事实上，你所面临的最艰难的挑战、最深的伤口还有最大的恐惧，恰恰也是你最美好、最珍贵以及最令人钦佩的部分。

你需要要进行的实践

你可能会问，这里所说的"实践"是什么。我把它分为十个理念：

欣赏不完美

坚韧地生活

学会照顾自己

用食物滋养自己

永远尽自己最大的努力

持续改善自我

接受无法改变的事物

关心自我内循环

培养真诚的感激之情

为他人着想，拥抱礼物

和金缮技艺一样，这些也都是对我有过帮助的练习方法。这几乎是一个按部就班的程序。这十条理念引导着我的职业道德、我的灵感以及本真的自我，使我不断前行。

在下面的章节里，我们将结合我自己的日常练习，深入研究上述每一个理念。

那么，现在就开始吧。

2

侘　　寂

庆　　祝

不　完　美

◀ 四国岛寺，数百万人来这里游览、祈祷，寻求内心的平静。

妈妈总说:"生活不可能永远完美。"

在成长过程中,我一度觉得这是一件很悲哀的事,但随着年龄增长,我开始欣赏这种观点。妈妈的说法很实事求是,因为这就是真相。生活不可能永远完美。换句话说,生活会让你疲惫,有时还会辗轧你——但这些都是正常的。如果想让自己永远"完美",最终注定会失败,因为所谓的完美转瞬即逝。而面对不完美其实并不需要恐惧。

我妈妈对"不完美"的态度根植于日本文化中的"侘寂"理念。和"金缮"一样,"侘寂"理念庆祝生活的不完美、它艰难的前路,甚至它黑暗的角落。它提醒我们,生命短暂,不完美是自然的,而在简单朴素中,也有美存在。

关于"侘寂":"侘"(侘び)这个字(词)指的是孤单或孤独("侘びし"的意思是"孤单")。在诗歌中,"侘び"特指简单、平凡、与自然相契合的事物。它也表示简单而朴素的美。(想象这样一位僧人:他拥有的财物不多,却过着平和的生活。)同时,"寂"(寂び)指的是时间的流逝、衰老的过程,以及万事万物转瞬即逝的本质。

当把"侘寂"作为一种美学或设计理念时,你可能对它很熟悉。在日本,建筑、陶器以及家装风格通常都简约优雅。侘寂的设计方法将朴素和不完美融入其中。举个例了，在"侘寂"理念的观照下，一瓶渐渐枯萎的花和一瓶刚刚采摘的鲜花一样，也能够作为一种美为人所赏识。相应地，"侘寂"理念也欣赏建筑的缺陷，比如一栋老建筑已然剥落破败的门面。在西方文化中，我们常常沉迷于对称和完美，而"侘寂"理念可以帮助我们理解并重构那些被认为"丑陋"的事物。

"侘寂"这一理念可追溯至 12 世纪。那时的日本经历了一场残酷的内战，宫廷文化转向幕府统治下的军政文化。对大多数民众来说，死亡似乎总是近在咫尺。在这种动荡不安的环境中，"侘寂"理念出现了，它能够捕捉到在短暂和无常中存在的美。

随着日本茶道仪式的兴起，"侘寂"的美学价值在 15 世纪到 16 世纪间逐步形成。在这一时期，贵族之间的聚会变得更简单、节俭，并开始具有与当今日本联系密切的美感意象——朴素的大地色陶器、有裂痕或不对称的茶杯，以及铁制的茶壶。日本茶道发展到今天，以其美感和优雅闻名。

时至今日，我们已经可以理解为何日本人会接受这种理念。毕竟，日本这片土地远非完美，气候有时会很极端（譬如寒冬、酷暑以及梅雨季节），地震或海啸等自然灾害也随时可能发生。但是，日本人并没有生活在恐惧中（或者感觉自己碰上了一件坏事），而是这样认为，将目光放得长远些，生活中总会有一些不确定因素和黑暗面。"完美"看上去是一个很棒的概念，但它总会消逝。美好的时光不会也不可能永远存在，你对于"总会有一些时刻不顺意"这一事实接受得越充分、做的准备越多，就越容易渡过难关，生存下去。

上次去日本时，我有幸在高野山和四国的寺庙里与佛教僧侣们相处了一段时间。如果说僧人们能够接受不完美、简朴和无常，那实在只是一种轻描淡写的说法。僧人们剃掉头发，远离尘世浮华，因为那些浮华只是不必要的分心因素。然而，这些人散发着言语所能描述的最美丽的光芒。僧人们将他们的生命奉献给祷告，将光明带到世间黑暗的地方。为了做到这一点，他们必须理解并接受这样一个事实：黑暗之地的确是存在的。僧人们比其他任何人都清楚，在变形枯萎的花朵、受伤的心灵以及我们的失误和过错中都能找到美。在生命的挣扎中，存在着美。

接受不完美，对我来说是一生的挑战。从我还是小孩子的时候起，这项挑战就开始了。我在一个以白人为主的社区长大，我的母亲是来自日本的移民，父亲是来自波兰的移民，我感觉自己与别人不一样。我受教育的方式也和其他孩子不一样——我的父母很严格，他们无法容忍我不尽力而为。更明显的是，我的长相与大家也不太一样。

随着我渐渐长大，我常因为与众不同而被取笑。小孩们会问我很刻薄的问题，有时还会给我起带有种族歧视意味的外号。就像任何一个年轻女孩一样，我想变得漂亮、受欢迎并且被人接受。那时，我想让人们喜欢我真实的样子。

在我十五岁的时候，一位模特公司的经纪人在学校的"职业发展日"那天联系到我。他们觉得我身材高挑纤细，而且充满"异国情调"。这十分出乎我的意料，但我当时很好奇，所以决定试一试。从那时起，做模特成了我的一项副业，也逐渐发展出了其他意义。在我上大学期间，我一直在做试衣模特（是给时尚设计师当真实的人体模特，请不要和"形体健身"那类模特混淆）和平面模特。我以时尚之名，在美国乃至全球各地工作。

虽然这种生活方式魅力十足，但总是追求完美就没那么有趣了。设计师们时常需要测量我的腿围、腰围和臀围。我对自己的身材一直不够满意，

▲ 1987 年，加利福尼亚，卡尔斯巴德。

而就在我的模特生涯达到巅峰时，我那份对烹饪发自内心的热爱也开始呼唤我。我不得不努力在烹饪学校和微型比基尼、品牛仔裤之间找到平衡。（多有趣啊！）十年来，我告诉自己必须保持完美。在我们每周对于身材的测量中，如果离完美尺寸有四分之一英寸之差，你就有可能失去工作。

　　虽然我现在不再定时对身材进行测量，但那些追求完美的日子仍在我头脑中根深蒂固。随着年龄的增长，我已不再关心自己臀部的尺寸，但那种时刻追求完美的感觉仍萦绕心间。我必须不断地提醒自己，完美只是一个神话，而且对于不完美也并不需要感到恐惧。

　　"侘寂"理念可以教会我们欣赏枯萎的花朵或有缺口的茶杯的美，同时，它还教会我们欣赏——并重新思考——我们自己的身体形态。无论是身体上的疤痕、笑纹、雀斑，还是白发，"侘寂"理念终究认为，差异即美。

不完美才是万事万物的自然状态。很多的美其实是存在于观察者眼中的，我们越是接受"侘寂"理念，就越能理解，其实正是人与人之间的差异造就了各自的美好。你知道当一件皮夹克、一双匡威高帮鞋或一条牛仔裤稍有磨损时，它们看上去会更酷吧？这也是"侘寂"之美。

现在，我可以在意想不到的地方发现美。我能从皱纹里发现美。在冬天，阳光照耀光秃秃的树木的枝杈时，我能看见美。在善意的目光和心灵中，在最乐善好施的人身上，在谦虚、诚实而真挚的人身上，我都能看到美。

这里还有一些你可以做的事情，来帮助你将"侘寂"理念带入自己的视角：

重置你的思维方式

季节的变化可以很好地提示你回归大自然。你可以去散散步、徒步旅行，或者跑步，然后花一点时间冥想。观察你周围形形色色不完美的事物：无论是树叶的颜色变化，还是生长的苔藓、树上的石头，或者发霉的树皮。不完美就是自然秩序的一部分。

用接受代替评判

我们对于自己所遇到的人都会产生先入为主的看法，而且，我们很快就会对他人做出评判。每个人都有自己的内在美，如果你能够避免通过评判的滤镜去审视他人，你就会为眼中的美丽所震撼。

学会原谅

人无完人。每个人都会犯错，就像我朋友说的那样，"人总有发生故障的时候"。"侘寂"练习的一部分就是学习接受与原谅。这并不容易，但学会放手、学会宽恕总比带着腹中的纠结或心里的怨恨生活要好。学会了这两点，晚上你会睡得更舒服，而且，在你的生活中，你也会为更多积极的体验预留空间。

不要再比较

在这个属于社交媒体的年代，我们很容易与他人进行比较。但如果停止比较，我们就能过上更平和的生活，也能更好地接受自己。每天早晨，在开始接触电子设备之前，我都喜欢做一会儿冥想。这为我提供了一个契机，可以将评判、焦虑、担忧或者我对于自己的生活与未来的担忧从头脑中清理出去。

简化生活

"平衡"这个词是关于放慢步伐并且感恩我们所拥有的一切。进行"侘寂"练习也意味着简化你的生活。就在此时此刻，你已经有了你所需要的一切。当你离开这个世界时，那些浮华的身外之物都是不可能陪伴你的。那些闪闪发光的崭新之物不能解决任何问题，它们并不重要。

努力接受自我

这可能是我们的练习中最难的部分之一。自我接受是一个过程，但我发现，在独处上花些时间会很有帮助。当你独处时，你不必担心自己的人物角色设定。

你可以卸下面具伪装，尽情地做自己。接受每个人都不尽完美这一现实，你也不是完美的。要相信，每个人都在尽最大的努力完成自己分内的工作。宽容地对待自己，没有必要将某个标准强加于自己身上。正是你的不完美，造就了你的独一无二。

将智慧视为美丽

我的姐姐常常和我谈论，要是我们的社会能将人的品质与正直看得和美丽与权力一样重要，那该多好。要对一些人心存感激，他们可能教育过你、启发过你，或者他们的出现让你感到欣喜。如果在你身边有比较亲近的长者，比如祖父母、邻居或导师，你可以花时间与他们相处，学习他们的处世智慧。

曾经有人这样告诉我："空杯子里倒不出水来。"当我最终放弃对完美关系的需求时，我意识到，我不需要任何人来让我变得更好。随后发生了一些异乎寻常的事情。我开始接受不完美的时刻、他人以及自我。我开始接受难以应付的交谈、挣扎、妥协与不适。

在"侘寂"的练习中，有许多部分都与改变思维方式有关，这可以让我们从另一个视角看待生活。对困境中的挣扎多接受一分，生活就会更容易一分。如果没有这些挣扎，你可能无法挖掘出自己真正的潜力。生活的目标并不完全在于赢，有时，生活的目标就在于存在、忍耐、经历、学习、尝试、失败。当你从这个角度思考时，你会感激这种美妙而不完美的观念。

物 哀
生活中的哀婉，带着温柔的悲伤

美国人有点痴迷于积极性，这已经成为一种文化氛围。从很小的时候开始，我们就被教导，要以积极的、乐观进取的态度面对生活。美国的孩子受到的教育要求他们看向光明的一面，而如果他们头脑中有好的想法，就会有好的外在表现。

日本文化所蕴含的生活之道则更为现实。生活不可能永远是完美的，总会有挑战，如果这些挑战在你的意料之中，那么它们就不会使你受到惊吓。日本文化教育人们，要用同理心和正念来应对困难。

如果将"物の哀れ"这个短语进行直译，那么它的字面意思是"事物的悲哀"。就像"侘寂"理念一样，它所指的是生命的短暂性。这种理念带有一种温和的悲伤——为转瞬即逝的生命本质感到哀愁或悲伤——而在日本文化中，人们将生命的稍纵即逝视为一种现实，而不是一种需要对抗的现象。

"物哀"的核心内涵，是接受事物的现状。有时，身边的事物很好，而有时，周遭的一切又一塌糊涂。如果没有黑暗，光亮也就不复存在。物哀之道告诉我们，当坏事不可避免地发生时，那也正是我们练习对他人产生同情以及同理心的机会。

我认识一位八十二岁的日本长者——山崎先生，于我而言，他亦师亦友。他住在日本的能登半岛。

山崎先生从前是一位大学教授，也是我挚爱的人生导师。我们会给彼此写信，而我总能从他的信件中找到光明与智慧，想要描述时却又一言难尽。他最近给我写了一段话，以曼妙的方式总结了"物哀"理念：

　　　　能登海面上，落日的景致很美。
　　　　"太阳就要落在这片金波的后方，磨碎绳文海人的渔叉。"

虔诚的人们崇拜朝阳，等待太阳从海面上升或落下。真是一个美丽又动人的景象！在能登半岛的渔村，我们也可以尽享太阳缓缓落入海中的景致。

大多数日本人都知道"鹤妻"的故事，故事的内容是一只坠入爱河的小鸟与一个贫穷但善良的男人结了婚。1949年，在木下顺二先生对这个故事重新演绎之后，它突然名声大噪。木下顺二先生的版本被称作"夕鹤（Yu-zuru）"，其字面意思是"暮光中的鹤"。故事的最后一幕是："最终，人们看到鹤妻飞了起来，消失在黄昏时分的天空中。"美丽，却又令人悲伤。

自从我偶然间读了这个民间传说，我就很喜欢观看日落，尤其喜欢看着那些渔民划船出海，开始夜间捕鱼，他们的船在西方天空的光芒下隐约可见。

在我们能够接受"物哀"理念之后，我们也就能够接受自己生活中时不时会有不好的事情发生了。感到伤心是合理的，深刻地感知生活也有益于健康，而想要奋力挣扎也是完全正常的。让你自己完完全全地感知自己的情绪，无论那些情绪是正面的还是负面的。正是在这些时刻里，我们能够更好地深入自我，并且接受自己的每一个方面。正如我们自己一样，我们的生活也无时无刻不在改变。

◀ 日本，能登半岛：山崎先生已经八十二岁了，于我而言，他亦师亦友，而他的智慧比年龄要更高一筹。

3

忍　　　耐

带 着 耐 心、
坚 韧 与 宽 容
忍 受 痛 苦

三

2011 年，日本遭受了一系列重创。在东京东北部 231 英里处发生了 9.0
级的地震——这是日本史上最大的一次地震。此次地震继而引发了大规模海
啸，浪高超 30 英尺 [1]。海啸破坏了福岛第一核电站的数个核反应堆。这场灾
难夺走了两万余人的生命，造成的损失高达数十亿美元。

世界上其他地方的人为这巨大的损失感到悲痛，并给予了人道主义援
助，而那时的日本人仍然做着他们一贯做的事情。

他们忍耐着。

从孩子很小的时候开始，日本人就会把"我慢"[2] 的原则教给孩子，即
在保持平静、耐心以及坚韧的同时继续忍耐。当一个日本小孩饿了或者开始
抱怨的时候，她的妈妈就会对她说："我慢！"传统上，在生活不尽如人意
的时候，日本人不会抱怨，也不会做出剧烈的反应。他们更倾向于保持宁
静，等待风暴过去，在整个过程中安静地忍受一切改变。

我们不必等风暴来临才实践"我慢"的原则。我们可以将它运用到每
一天的日常生活中。无论你身边发生着什么——是压力巨大的工作日，还是
糟糕的情绪（比如像今天的我）或者一场误会——你都可以练习提升自己的
坚韧度。

[1] 编注：1 英尺 =0.3048 米。
[2] 译注：罗马音为"gaman"，意为"忍耐"。

对我而言，"我慢"原则通常是在自我管理的例行日常中实现的。每天早上进行冥想能让我放松，同时，每天做点运动能让我保持平静与专注。摄入适量的营养（下一章会更多地谈到这个话题）以及晚上睡个好觉会让我有能力经受每一天带来的挑战。

"我慢"会对现实生活产生影响。作为一名纽约市民，压力与奋斗就是日常生活的一部分——而且说实话，我们往往会专注于奋斗。每当我想要应对一个棘手的情形，我都会深呼吸，试着忆起那个日语短语的读法——"shō ga nai"，意为"这是没办法的事"。我们都会经历挣扎与挫折，也都会感到痛苦。我们最大的优势在于合作，保持耐心，并且营造更为平和的氛围。

"我慢"原则也教会我们，不要让闹剧升级。停下来，用一些时间来调整呼吸。一旦你有了机会暂停并平静地评估一切——只有在这种时刻——才可以采取行动。就像我妈妈说的那样："'我慢'原则是要你忍让，克制自己的欲望与愤怒，最终释放这些负面情绪。不要让这些消极的想法或冲动占据你的生活。如果你抓着内心的怨恨不放，就会产生压力。而'我慢'的运用会让压力减小。"

但要怎样将"我慢"应用到实际生活中呢？如果你现在正经历着尤其艰难的时刻，要怎么办呢？怎么做才能保持坚韧？我经历过——也见证了我许多朋友的经历——似乎生活中的一切都不会变好。每一次，事情看起来似乎毫无希望。但每一次经历过后，我们不仅会痊愈，还会变得更强大。

如果你正经历着某种挫折，无论是工作变动还是爱人离去，都要记住，我们每个人都会以不同的方式经历悲伤。要明白，你所经历的一切都为自己所有。给自己一点空间，走出悲痛的阶段，并且照顾好自己。要吃有营养的食物，继续长距离的漫步，与关心你并把你的利益放在心上的人共度时光。让你的家人与朋友成为你的共鸣板吧。我刚经历了一段艰难时期，并发现避免饮酒也有帮助，这能使你看清现实。

无论如何，要让自己休息。在一些比较艰难的时候，你只想睡觉，这样做也是可以的。睡得越多越好，这会帮助你恢复精力。在那种时刻，要比平时更多地聆听身体发出的信息，它会让你知道你真正需要什么。

一旦你有了充足的休息，时间将会成为你生活中最强大的医者。生活有自己的过程，这一点是可以确信的。

同时，你还可以事先调节自己，做好迎接风暴的准备。

采取行动

妈妈曾教育我，如果你不喜欢什么东西，不要抱怨，要采取行动来改变。不应该自怨自艾，也不要沉溺为糟糕的情形思前想后，要让改变发生。然后走出困境，专注于做一些让自己感觉良好的事情。

吃新鲜的食物

每一餐都要尽量吃新鲜的食物。对于你体内的细胞而言，食物就是信息。当你用鲜活的食物滋养你的身体时，你会感到自己更有活力。

削　减

几年前，我从自己的饮食中除去了多余的糖分，并且用抹茶替代了咖啡，这些举动为我的生活创造了奇迹。我不再像从前那样战战兢兢、焦虑不安了；我的思维也变得更加清晰，比之前更能专注于手头的任务了。早晨醒来时，我不会感到无力，而是一整天都精力充沛。对日常的消费进行削减能让你很好地衡量什么能带来好的感受、什么不能。

动起来

世界上有一些最长寿的人生活在日本（尤其是冲绳县）。他们长寿的奥秘之一就是努力将运动融入日常生活。有规律的运动常常能让我们不再受困于焦虑与沮丧，我喜欢轮流做不同种类的运动，让自己的肌肉时刻保持灵敏，同时也避免让自己感到厌倦。

在真实生活中社交

彼此间的关联让我们一直在一起。与他人交际能提升自爱与自我管理能力。而且，我所指的不仅仅是手机上群发信息。成为某个社交圈的一员——然后找点时间在这个圈子和群体里进行投资——这能够提升你的生活质量，也会让你更长寿。要与来自生活中不同阶段以及不同方面的朋友保持联系——每周打个电话也好，每年拜访他们一次也好，或者一起出国度假——这看起来可能像一种耗时长久的承诺，但我保证，你的收获将会是超值的。在我最亲密的朋友中，有一些已经与我分离了数十年，可是我们的关系依然能亲密如初，今后也会如此。如果有人与你相识如此长久，那么他们已然有了与你同甘共苦的经历。要重视并珍惜你在现实生活中的真正的友谊。

团队锻炼

出于这一点，我喜欢将运动与社交结合到一起。团体健身能督促我早晨起床并离开自己的房间。可以学习的课程有很多，你一定可以从中找到吸引你的东西。大家一起跑步，参加训练营、单车课程、柔韧类课程、瑜伽课，甚至只是参加一个社区课程（如烹饪或园艺），都能让你脱离例行日常，在现实生活中更多地社交。

团队冥想

团队冥想课程（甚至团队冥想中心）现在正变得越来越普遍。与他人一起冥想能够营造一种宁静、大家互帮互助的环境，而且，对于初学者而言，在别人的引导下进行冥想是非常棒的体验。腾出时间，静坐自省，可以有效地帮助你专注于自己的内心与能量。

与生活和解

在适应眼前生活的过程中，很大一部分任务就是要放弃众多期许——无论是我们对自己的期望，还是他人对我们的期待。有许多事情是我们控制不了的，比如经济压力、失业、感情的纷扰、上司或朋友的举动。我们越早明白自己不能控制一切，试着放弃一些东西，就越能找到属于自己的平静生活。

坚持到底

"我慢"原则——无论如何都要坚持到底——也可以被用作一种非常实际的方法，让你将自己推向耐力与成就的新高度。专注于脚下的旅途，要相信自己所走向的正是注定要前往的地方。于我自己而言，我喜欢在生活中艰难的时刻运用"我慢"的思维方式，以此督促自己去做困难的事情。你也可以用"我慢"来让自己更刻苦地学习、更好地工作，或者让自己每天达成更多的目标。"我慢"可以帮助你熬过生活中每一个难关。不要将任何事情视为阻碍，而要将它们当作挑战，然后想想打赢了这一仗的自己多棒！

有时候，练习"我慢"只需要你学会放手、平静生活。我学到的最有用的经验就是放弃那些本来就不需要做的事情。无论是一段关系、一份工作，还是向往的一次冒险，当你优雅地放手时，其中都蕴藏着能量。这种能量让你知道，在这个时刻，无论你在何处，都是自己应该所处之地。即使你身处沟渠深处，你也有韧性。即使你现在什么都不想做，只想哭，你仍然是一束光。

当你开始看开的时候，你会向生命中新出现的美好的人和激动人心的新机会敞开心扉。

不要因为任何人或任何事而让自己的光芒变得暗淡。

请记住"我慢"的练习方法，带着坚韧与优雅，在人生的道路上继续闪耀。

II

滋 养 生 活

4

烹　　饪

烹饪并食用有营养的食物，是金缮式生活的基础。滋养身体的行为并不复杂，但有着深远的影响。高质量的饮食让我们尊重并重视自己身体的需求。

营养饮食并不是指必须少吃。我总是告诉节食的朋友不要再继续节食，应该倾听身体的需求。没有人想要被剥夺或者被限制。每个人所需要的滋养是来自那些真正的全食物，那些食物在数百年间滋养着你我的祖先。这种食物指的是大量的新鲜农产品、有益于健康的蛋白质、发酵食品以及未经加工的谷物，是简单、顺应时节、美味的食物。要记得，我的日本祖母一直活到九十六岁（而且终其一生，她的皮肤都富有光泽）。如果我们想要研习日式生活的秘密，模仿我家族中长辈的生活方式是一种明智的选择。

而滋养自我的最佳方式就是为自己做饭。烹饪是能同时动用五种感官的唯一艺术——我几乎将其视为某种形式的冥想。即使当我没有心情做饭，不想去杂货店，甚至懒得拿出锅子时，我还是会发现，一旦开始烹饪，我就能进入那种舒适而熟悉的节奏。在亲手做好一顿饭之后，我会极为感激那些即将滋养我心灵与身体的食物。最重要的是，当你亲自烹饪时，食物的味道真的会更好。

烹饪是由内心而起的，它是一种爱的语言，我们必须继续传递。

▲ 日本九州岛别府，1985 年。图为我与我的外祖父母。在我长大的过程中，我们常常一起吃饭。这就是"一緒"[1]的力量，我们不应该忽视这种力量。我们都应该努力做到这一点：多与家人一起吃饭。

在厨房里，东方与西方相遇

　　从四岁左右起，我就开始帮助妈妈做饭。我还记得，抬头时能看见她又黑又长的秀发，她的眼睛追求着完美的菜色，同时又用味觉来追寻美味。我也记得她勤劳的双手。当时的我几乎看不到厨房的台面，但现在我还能想起厨房里的一切：气味、声音、热情以及各种食物的口感。妈妈很有天赋，她对什么都很在行，但对我而言，烹饪时的她是最耀眼的。我的眼睛遗传自母亲，我用这双眼睛注视了她几十年，我会永远感激她传承给我的这种魔力。我生活中最幸福的时刻，就是和她一起在厨房烹饪的时刻。

---

[1]　译注：此处是日文，大意为"在一起"。

　　我们会一起在家烹饪一切食物。我们做过自制寿司、红豆饭、早稻拌料、味噌汤、日本泡菜、大阪烧、日式荞麦面条、挂面（冷面）、炸饺子、乌冬面，当然，还有糯米团子。

　　我将许多食谱写进了这本书。这些食谱综合运用了东方与西方的技法和原料。请注意，它们不都是传统日本菜式，而是代表了我们家族食谱对于日本文化与加州文化的折中式继承。我一直认为，我母亲使这种混合烹饪法臻于完美，她富于灵感的烹饪方法也在我的灵魂上留下了印记。我本来有可能去烹饪学校学习，并在餐厅工作，但母亲教会了我什么是真正的烹饪。

日式食品储藏基础

　　你不必在食品柜中东翻西找来烹饪本书中的食谱，但在开始烹饪之前，先备好一些特色食品的确是大有帮助的。你可以在线订购这些配料，也可以在本地的日本食品店购买。

干制的食材

海草类

日本海带（昆布）

　　一种经常被用来制作"昆布出汁"（一种日式菜肴，可储存起来或做成汤汁）的日本海带。另外，这种海带还是一种铁含量很高的消炎食品。海带有助于保持并促进体内的新陈代谢，且富含维生素 A、维生素 B$_2$、维生素 B$_3$ 和维生素 B$_6$。海带可以被切成或拆分成小块，然后放入锅中煮成昆布出汁。它也可以用来为其他菜肴添加鲜味。购买干制海带，并将其存放于室温下的密闭容器中，保质期可长达 1 年。

日本海苔

海苔是一种用来包裹寿司和手卷的海藻类植物，形状与纸相似。制作海苔需要一系列过程，其中包括种植、收获、拉紧、切割、压制和干燥。海苔含有丰富的矿物质，其中钾、镁、钙、铁以及维生素 A、维生素 B$_{12}$、维生素 C 和维生素 E 的含量惊人。海苔有助于保持皮肤光泽，维持骨骼和牙齿坚固。购买扁平的方形干海苔，并将其储存在室温下的密闭容器中，保质期可达 3 个月。如果家中的海苔变得有些潮湿，你可以将它们置于燃气炉上用明火（低温、小火）小心地快速烘烤。

裙带菜

日本的一种海藻类食品，通常用于味噌汤中，也可以加水重新配制，用于制作沙拉。裙带菜中含有维生素 B$_{12}$、铁、锰和有益于脑健康的欧米伽 -3 脂肪酸。同时，与所有的海藻一样，它也是人体摄入碘的重要来源。一些暖心的食谱会让你品尝到它的味道，比如本书中的红皮土豆 + 洋葱香菇味噌汤（第 103 页）。购买干燥的裙带菜，在烹饪时加水泡开。将干燥的裙带菜储存于室温下的密封容器里，保质期可长达 1 年。

鹿尾菜

鹿尾菜是一种颜色较深的小海藻，主要产地为亚洲的海岸。许多高人气的海藻类沙拉以及促进长寿的菜品中都有鹿尾菜，其含有丰富的营养物质。购买干燥的鹿尾菜，将其浸泡约 20 分钟，烹饪前挤出多余水分。鹿尾菜泡开滤干后密封冷藏，保质期为 1 周。将干燥的鹿尾菜在室温下密封储存，保质期长达 1 年。

稻米类

米　饭

米饭是日本料理的主食。日本人消费的大米量十分庞大，因此，在日本，"米饭（ご飯）"这个词也可以指代"晚餐"或者"餐饭"。在大多数日式餐食中，你都能看到米饭，且白米饭常常与日本泡菜、味噌汤或者主菜进行搭配。白米饭中含有蛋白质、镁、磷、锰、硒、铁和叶酸。将稻米存放于密闭的容器中，保质期可达 1 年。

糙　米

糙米包含附着于米粒外部的胚芽，并且富含硒、锰、铜以及纤维等营养成分。多吃糙米这种全谷类食物可以帮助你保持健康的体重，同时也有助于降低胆固醇。

甜糯米

这是一种细粒的糯米，常用来制作年糕、脆饼干、小块年糕、红豆饭（详见第 125 页）、甜蛋糕以及茶点，口感香甜、黏稠且耐嚼。虽然从分类上看，它是一种"糯米"，但它不含麸质。在日本商店里可以找到甜糯米，有时它也会被标注为"甜饼米"与"糯米"。购置后，存放于阴凉干燥、光线较暗处，进行妥善封存，保质期可达 6 个月。

糯米粉

这是一种美味的精米粉，可用来制作日式年糕或美味的糕点（详见第 197 页）。糯米粉也被称作"もちこ"，不含麸质。在本书中，糯米粉的主要用途为制作年糕与日式团子（团子）等菜品。

酱料、醋与油类

酱　油

酱油是由发酵后的大豆制成的调味料，也是日料中的主要调味料。我在自己的每本烹饪书中都提到了酱油——没有什么可以与酱油的味道之深以及其口味之鲜相媲美。我建议读者们使用低钠酱油，因为大多数传统品种的酱油都含有大量的盐。

芝麻油

芝麻油香味浓郁、味道醇厚，是我最喜爱的食用油之一，与椰子油地位相当！日本料理中，芝麻油的味道和精髓无可比拟。你会喜欢上这种兼具朴实气息与坚果香气的烤制食物，将它淋到你的沙拉、腌泡汁与汤汁上的。我一直用芝麻油炒制或者嫩煎日本料理！

酱油知多少

酱　油

普通酱油，在日语里，这种酱油被称作"浓い口酱油"。它是日本国内一种主要的调味料，由发酵的大豆与小麦（比例约为 50∶50，但这一数据不尽相同）加上酶和盐制成。酱油是大多数亚洲菜品和家庭的主要调味料。它含有维生素 K_2、蛋白质、维生素 B_3 和锰。冷藏储存，保质期可达 1 年。

老　抽

老抽是一种美味、不含小麦的调味料，也是一种酱油替代品。但是，如果你有麸质不耐受症，请务必仔细阅读食品标签，因为不是所有此类酱油都不含小麦。就像普通酱油一样，这种酱油也是经过发酵的食物，因此，它对你的肠道健康非常有益。建议读者在当地的健康食品商店、大杂货店或日本食品市场购买有机的 San-J 品牌酱油。冷藏储存，保质期可达 1 年。

低钠酱油

在本书中，我极力推荐的酱油品类就是这一种。这种酱油尤其适合想要降低生活中钠摄入量的读者。低钠酱油由大豆、盐和水制成。建议读者在当地的健康食品商店、大杂货店或者日本食品市场寻找有机的 San-J 牌低钠酱油。San-J 牌酱油完全由大豆制成，不含小麦，味道更浓郁。冷藏储存，保质期可达 1 年。

米　醋

醋的味道会为味觉带来一抹明亮。米醋是日本家庭的常备品，在本书中，它也能帮助各个菜品达成口味上的完美平衡。我是米醋的忠实粉丝，因为它的味道清淡而鲜明。试试用米醋来当你的沙拉调味料，或者用它来为你的腌泡汁与酱汁收尾，你也可以为它搭配一点柑橘和酱油，做一份自制酱料。购买时，请尽量选择高质量的日本品牌，如Marukan 和 Mitsukan（Mizkan）。

寿司调味醋

寿司调味醋主要由米醋制成，其中还加入了糖和少许盐，是一种简单的米饭调味料。这种醋被用来给微凉的米饭调味，以制作出美味的寿司饭。我在第 167 页介绍了自己的寿司醋配方，此外，你也可以购买预制的寿司醋。就个人而言，我还是更喜欢自制的寿司醋，而且制作这种醋也很简单。

味霖（味醂，甜米酒）

这是一种用于烹饪的日式味霖，它为许多日本料理增添了一丝香甜的味道。购买时，请尽量寻找由优质原料制成（不含高果糖的玉米糖浆）且含糖量低的品牌。作为酱汁与调味品的一部分，味霖是很美味的，而且在烹饪时，还可以用它来给锅底收汁。你也可以将它加到汤汁中，或用它来为一道菜收尾，或者改进某样菜品。

如果你不想要太甜的味霖，建议购买"本みりん（ほんみりん）"，那是一种正宗日本味霖，其中不添加任何糖分。

面条类

荞麦面条

　　这种具有日本特色的荞麦面条通常被用于日式肉汤中，冷热皆可。荞麦面条含有蛋白质与纤维，所含卡路里则比精制小麦制成的传统意大利面更低。我喜欢烹制荞麦面汤，喜欢将冷荞麦面加入凉拌沙拉中，也喜欢和我的小姨婆卓子一起制作荞麦茶。在大多数杂货店里都可以找到荞麦面。

乌冬面

　　日本肉汤中常用的乌冬面是由小麦面粉、水和盐制成的厚面条。乌冬面厚实而让人舒心，这种面条具有令人满意的质感。预先烹制好的（冷冻或新鲜的）乌冬面可以在很短的时间内煮熟，而且便于储存在冰箱里。日本人对于饮食文化中的乌冬面情有独钟，因为他们认为乌冬面十分美味，几乎无法抗拒且乌冬面又能宽慰人心。第 113 页有美味的乌冬面食谱。在本地的日本食品商店可以找到乌冬面。比起干制的乌冬面，我更建议读者们用冰箱冷冻室或冷藏室中预先烹制好的乌冬面进行烹饪。

新鲜拉面

　　拉面质地细薄，通常为油炸的小麦面条，但也有一些新鲜的品类。拉面是一种重要的日本食品，受到日本全国乃至全世界的喜爱。购买干制拉面时，可以扔掉其中由盐和味精组成的调味料包，然后以本书中简单的清汤食谱代之。我建议购买优质的新鲜拉面，比如 Sun Noodle

品牌的面条，你可以在本地日本食品商店的冷藏或冷冻区买到拉面。可以参阅本书第 111 页，了解我特别喜欢的辣味味噌拉面的做法！

挂 面

挂面是一种细薄的日式面条，在日本，通常在炎热的夏天有售，形式往往为冷盘。烹饪挂面的速度极快——通常 2 到 3 分钟即可——而且其成品可口，令人满意。可以在本地的日本食品商店里找这些挂面。

绿茶类

抹 茶

抹茶是一种经过精细研磨的绿茶粉，最初是供日本的和尚与武士饮用的。抹茶的制作过程是将树荫下生长的茶叶进行蒸制，随后研磨成品质极佳的绿茶粉。

当你饮用抹茶时，你所摄入的是茶叶的全部。因此，抹茶中抗氧化物、维生素 C 以及 L- 茶氨酸（有助于精神放松，同时提升专注力）的含量比其他任何茶类都多。

我每天早上用茶筅（一种竹制搅拌器具）和热水（温度在 79.4 摄氏度至 85 摄氏度之间）制作抹茶，这一流程会让我专注于自己的工作，也能稍稍放松一下。制作抹茶不宜用沸水，可以用沸腾后稍冷却的水。抹茶还被用于烘焙食品以及一些可口的腌泡汁与调味料中。你会在本书中发现很多用到抹茶的食谱。日本人热爱且珍视传统的抹茶茶道和抹茶茶点。

抹茶的质量很重要。一定要从包装上查看这包抹茶是否属于可用

购买绿茶时的注意事项

在购买绿茶时，请记住以下注意事项：

· 按需购买，切勿囤积茶叶。

· 挑选并购买生机勃勃、色泽鲜艳的绿茶，不要购买质地枯脆、干燥或者外观无光泽的茶叶。

· 购买绿茶后，请务必使其远离湿气、光线和热源。应存放于阴凉干燥处的密封容器中。

· 我一直认为，最好购买优质的茶叶和食物。要从可靠且信誉度较高的渠道购买茶叶，同时，所购产品最好附带质检报告以及相关茶叶知识介绍。

于仪式的高档抹茶（ceremonial grade），并在购买时选择日本品牌。如果这包抹茶粉是在日本制造的，那么它是符合上述档次的。

玄米茶

玄米茶浓郁鲜香，由烤糙米与绿茶混合制成，是我最喜欢泡的一种茶。玄米茶是两种经典日式食材即烤米与煎绿茶的特殊混合产物，最常见的混合比例为 50∶50。玄米茶能让你品出那种质朴可口又带烘烤的味道。玄米茶与下雨天是极佳搭配，而将玄米茶当作早晨的醒神饮品也是很不错的选择。购买时，请选择 Ito En 或 Yamamotoyama 等优质品牌。

日式煎茶

这里说的煎茶是一种蒸制的日式绿茶，也是日本家庭必备的一种食材。它是传统的经典绿茶，和其他各类绿茶一样含有高浓度的EGCG（epigallocatechin gallate）[1]，这种儿茶素可以帮助大脑达到最佳状态，还能预防癌症。煎茶茶叶经过蒸制，又经过干燥工序后，被卷成细针状，注入热水后，最多可以泡三次。

焙　茶

焙茶是一种烤制绿茶，由于经过烘焙工序，其茶叶颜色较深。焙茶中的咖啡因含量比其他品种的绿茶少。

玉　露

玉露是一种高级绿茶，可以称得上绿茶中的王后。制玉露的茶叶生长于阴凉处，人们喜爱这种茶叶浓郁、芬芳、甜美的味道。同时，玉露还富含氨基酸 L- 茶氨酸。

补充食材与增味用品

芝麻与芝麻盐

芝麻盐是指将烤芝麻种子捣碎之后，用海盐调味制成的一种混合物，通常用日式的研钵与研杵来进行手工制作。当你阅读本书时，你

---

[1] 译注：中文译名为"表没食子儿茶素没食子酸酯"，别名为"绿茶提取物"。

会发现，我几乎会在所有食物上撒芝麻或芝麻盐，就把它当作我的盐和胡椒吧。我很迷恋其中那种自然而又像坚果一样的味道，而且它们还能为身体提供额外的营养物质！芝麻种子含有植物固醇，这种植物化合物有助于降低胆固醇。芝麻盐富含钙、铜、磷、锌和铁，这些矿物质都能促进骨骼健康。

柴鱼片

柴鱼片是一种干制后被削得很薄的鱼片，有时会经过发酵工序（原料多为金枪鱼或鲣鱼）。它常用被来制作高汤（出汁），同时还可以作为调味品，为诸如热米饭和豆腐等食物添加强烈的鲜味，也可以置于日式饭团顶端。妈妈总强调，要做出最好的手握饭团（详见第93页），需要加上酱油和柴鱼片。柴鱼片中的欧米伽 -3 含量很高，有助于促进大脑功能。储存时，将其密封于可重复封存的袋子里，置于冰箱内，保质期可达 1 年。

紫菜盐

在我心中，这是最好的日式调味料，从小到大，我都会把紫菜盐撒在所有食材上。紫菜盐是一种日式混合调味料，制作原料有烘烤过的海苔片、烤制芝麻种子，有时还会有柴鱼片、鱼干、蛋粉以及糖和盐。紫菜盐有几十个品种和口味，所以一定要认真查看其中的几种，然后购买你所喜欢的。一点点紫菜盐就可以给几乎所有食物提味。

日式芥末

　　这种辣味的日本芥末是我姐姐最喜欢的作料。日本芥末比传统的美国芥末具有更强劲的辣味，所以只需用少量日式芥末，就能让辣味持续很久。日式芥末的形态是糊状或粉末状的。在制作纳豆、关东煮以及烧麦时，很适合使用这种芥末。日式芥末由含有植物营养素的芥菜籽制成，可帮助抵抗细胞突变和肿瘤。

山葵菜，又名芥末

　　芥末这种调味品你一定听说过，但其实，真正的芥末并不是你在寿司店食用的那种。真正的日本芥末取自山葵菜根部，在其新鲜时磨碎，用于搭配寿司。 在美国，人们消费的大部分"芥末"其实是加了添加剂并染了色的辣根。真正的山葵菜根含有维生素和矿物质，其中包括镁、锰、钾、维生素 B_6、维生素 C、钙、锌、硫胺素、磷、铜、核黄素、铁、叶酸和烟酸。你可以在本地的日本食品商店买到货真价实的芥末。如果找不到新鲜的芥末，请购买 Eden Foods 品牌的有机芥末粉。芥末酱和芥末粉可在冰箱中存放 1 年（冷藏条件下，芥末粉的保质期可达 2 年）。

腌制生姜以及生姜

　　最纯粹的腌制生姜应当呈现出一种天然的米黄色，而不是粉红色，因此，在你选择和购买食物原料时要注意挑选！新鲜生姜中所含有的抗氧化物对人体的免疫系统有自然的促进作用。同时，生姜还是一种消炎食物，可以减轻疼痛，帮助消化。除了搭配寿司食用外，我还喜欢在我的杂粮饭中放几片腌制生姜。

七味粉

我很喜欢这种日式混合调味粉，它几乎可以为每一道菜品增添一点点辣味或者一抹柑橘的气息。七味粉这种日式混合香料很受欢迎，它由磨碎的柑橘皮、花椒、干辣椒、生姜、海苔、黑白芝麻以及罂粟籽制成。各种七味粉的配料可能会有所不同。其中的抗炎成分包括辣椒素，能强化你的免疫系统，还可清理淤血。七味粉这种混合调味料含有维生素 A、维生素 C、维生素 D 和维生素 E。

香菇干

日本所有家庭都会储备香菇干，它具有一种强烈而浓郁的鲜香味道。我喜欢用水泡开香菇干，加在我的汤品和煎炒食品中，同时留下浸泡过香菇干的水，来制作美味的香菇汤。香菇中的维生素 B 会为你的身体补充活力。香菇也因其美容功用而闻名，因为香菇中的硒和锌含量很高，而这两种元素有助于提亮肤色。用一些烤芝麻油将香菇进行炒制，或将香菇加入汤里，但不要过度烹饪，否则香菇会因为水分含量过高而变得不再美味！可以在本地的健康食品商店或者日本货品商店购买香菇干，并将买来的香菇干密封保存在阴凉避光的地方，保质期可达 1 年。

萝卜干（切り干し大根）

这种萝卜干的制作原料是一种在日本很受欢迎的大白萝卜。日文中的"大根"在日语里的意思是"巨大的植物根"，这种说法很妥帖，因为比起一般的萝卜，"大根"看起来更像植物的根部。新鲜的萝卜经常被用来腌制，在日本，萝卜干往往是沙拉、汤汁以及煎炒菜品中的主料。这种萝卜干的用途多种多样，能为食物带来质朴的味道以及轻微的甜味。许多日本家庭全年都会用萝卜干进行烹饪。

冰箱中的基本储备

豆 腐

豆腐是一种美味、百分百素食的植物蛋白，我的日本祖先已食用豆腐长达数千年。豆腐是由大豆凝乳压制成结实的块状而制成的，购买豆腐时，最好购买有机豆腐。另外，"非转基因"的标签也很重要，因为许多大豆作物都是使用转基因技术种植出来的。豆腐有不同的硬度，包括柔软（嫩豆腐）、中等、中等硬度、较硬、坚硬（老豆腐）、烤豆腐以及咸豆腐。

在营养方面，豆腐称得上物美价廉，它是人体所需蛋白质的一个来源，同时钙、锰、磷、硒的含量也较高。它还是镁、铜、锌以及能够为人体补充能量的维生素 B_1 的重要来源。

可以在沙拉、小炒以及饭食中放入硬度较高的豆腐，或者，也可以在奶昔类饮品、甜点或者调味品中加入嫩豆腐，为身体补充蛋白质。

日式大豆酱（味噌）

味噌酱又名面豉酱或日式大豆酱，是一种味道鲜美的酱料，由发酵后的大豆、米曲霉、水和盐混合制成。味噌酱有三个基本品种：白色款、赤色款以及白色和赤色的混合款。根据你的口味偏好，购买味噌酱并将其运用到烹饪中。味噌的颜色越深，味道越浓烈。可以把味噌酱想象成精酿啤酒——成品颜色越淡，味道越淡；颜色越深，味道也就越浓。从质地上看，有平滑的味噌酱，也有稍显粗糙的种类。

我觉得，除了酱油，味噌算是日本料理中用途最广的食材了。在日常烹饪时，我会将它用于制作汤品、腌泡汁、调味料、蘸料、酱汁并用它进行收汁。通常，味噌酱会被用于咸味的日式菜品，也可用于一些甜食。你还可以在你的牛油果中放一点味噌酱（作为小零食），也可以将味噌酱加入意大利面、奶酪焗意面、荞麦面条或者杂粮饭。我的很多女性朋友都迷上了味噌酱，现在，她们会给自己的烹饪作品拍照，并发送给我，而那些作品很有创意，令人赞叹。由于味噌酱经过了发酵工序，它能够提供有益于人体的益生菌，有助于提高免疫力、改善大脑以及消化系统的健康状态。味噌酱还富含维生素 B、维生素 K、蛋白质、纤维、抗氧化剂、铜、锌以及欧米伽 -3 脂肪酸。

在日本，大麦和稻米等其他谷物有时也会被发酵，然后制成味噌酱。在美国，我见过人们用从藜麦到南瓜等各种食材来小批量地制作味噌酱。

味噌酱的发酵过程大致需要一年，有时长一些，有时短一些。购买时，请选择有机且非转基因的品种。

▶ 日本冲绳：豆腐和味噌酱的品种是无穷无尽的。

日式生活：每日食用发酵食物

有一个简单的理念：每天都吃点发酵食物。我曾在日本学习过几年，发现皮肤得到了改善，指甲变得更健康，头发长得更快，食物消化吸收也更规律。我认为一部分原因就是我每天会食用大量发酵食物。

发酵食物含有益于肠道健康的细菌，而从免疫系统到个人情绪，身体健康与肠道健康息息相关（甚至有助于预防抑郁症）。如果肠道内有益细菌增加，可以促进人体消化，并帮助吸收必需的维生素和营养物质，使身体达到最佳健康状态。

我最喜欢的发酵食物有味噌酱、日式酱油、腌制梅干、红茶菌、纳豆、丹贝（南洋豆豉，一种发酵大豆，与豆腐相似）、米醋等。如果你不能做到每天食用，我建议服用素食益生菌增补剂获得类似功效。

西京味噌酱

这种味噌酱是一种甜味酱，原产于日本京都。西京味噌酱源自发酵大米与大豆的组合，其中，大米的比例比大豆的高。这种味噌酱通常被用于汤、酱汁以及腌泡汁，以烹调蔬菜与鱼等淡味菜品。

咸梅干

咸梅干也被称作腌梅干，是一种小小的、味道又酸又咸的日本梅子，有点像小杏子。这些酸爽可口的腌制梅子含有铁、钙和磷，还富含果胶，有助于促进消化。

日本人使用天然的红色或者紫色紫苏叶为咸梅干染上自然的淡红色。日本传统饭盒的中心有时会放上一颗梅子干，这样一来，就呈现了象征性的日本国旗。在日本商品市场的冷藏食品区，可以找到腌制梅子。记得购买不含染料的天然品种。

红小豆

这种红色的豆子颗粒很小，营养却很丰富，富含抗氧化剂、蛋白质、铁、锌、镁、钾，当然，还有纤维。红小豆，又称赤豆，有益于心脏健康，可帮助人体维持健康的体重。在日本，人们食用的红豆既美味又香甜，冷热食用皆宜。在备受追捧的长寿饮食法中，红小豆常常被用到，而且，人们认为它是一种珍贵的绝妙食物。提到我最喜欢的红小豆制品，那应当是甜甜的红小豆糕点、日式红豆团子以及红豆刨冰了。一种既美味又明智的做法是，将它们置于红豆饭以及养生沙拉中食用。你可以购买红小豆罐头（将原先的水分滤干，再将红小豆冲洗干净）或干制红小豆（先进行浸泡，然后煨炖，再把水分滤干）。开启红小豆罐头或者将干制红小豆进行浸泡之后，须将它们密封储存于冰箱中，保质期可达 1 周。

生鲜类食材

生　姜

生姜作为一种植物，味道较烈，根茎部位通常含有抗炎化合物。在日本料理中，生姜是常见的配料。通常，人们会把生姜切碎或切片，然后放入腌泡汁、煎炒菜品、调味料以及酱汁中。

姜　黄

姜黄也是一种植物根茎，它的功用很神奇。姜黄味道辛辣，颜色呈亮黄色。几个世纪以来，日本冲绳县的家庭一直用姜黄进行烹饪（冲绳人喜欢他们的发酵姜黄茶）。有人推测，冲绳居民之所以能实现传奇般的长寿，一部分原因就是这样的烹饪习惯。姜黄具有许多抗炎特性，且已被证明有助于预防癌症、减轻关节炎疼痛，同时还有益于维护认知能力。

姜黄通常被用于日式咖喱菜品（日式咖喱与大众所熟知的印度和泰国咖喱略有不同，因为它的配料表里没有椰奶）。如果你喜欢日式咖喱，那么你的确很幸运，因为我在本书中介绍了几种会用到姜黄的菜谱，其中包括姜黄炒饭（第 132 页），我想，你会爱上它的。

香菇（椎茸）

香菇是日本料理中的常用食材，新鲜香菇和香菇干都是日本家庭的必备品。这种外观美丽的食材在各种各样的养生食物中比较容易被忽略，我鼓励大家用香菇来烹饪。在这本书中，你会发现很多地方都会用到新鲜香菇。在选择食材时，你随时可以用香菇代替任何肉类。购买时，挑选结实、新鲜、按压后会回弹的香菇，并将它们存放于冰箱中。如果买不到新鲜的食材，香菇干同样可以用于烹饪（详见第56页）。

萝卜（大根）

萝卜的食用方法较多，可切碎、可腌制、可切片，或煮，或在汤汁中热煨，也可用于小炒与调制沙拉。萝卜富含纤维、钾和维生素 C，而且热量非常低。萝卜完全称得上超级食品，还是一种天然利尿剂。可以在本地的食品市场中寻找这种外观美丽、尺寸较大的萝卜。

要确保萝卜的肉质是白色的，没有擦破或碰伤（一点点绿色是可以的），而且，附有绿色叶子的萝卜甚至更胜一筹（你还可以烹饪萝卜叶！）。存放于冰箱中，保质期可达 1 周。

南　瓜

南瓜很可能是我最喜欢的食物之一，将南瓜煮熟后，它会呈现黄油般的形态，口感带有果仁味与甜味。大多数日本消费者在购买南瓜时，会留下其易于食用的绿色外皮。我喜欢用南瓜来做汤，或将其烘烤，然后放入沙拉中。我也喜欢用传统的日式方法来烹制南瓜，在九州岛，我妈妈曾经向我介绍如何烹饪日式南瓜煮（南瓜の煮付け酱油味，做法详见第 163 页）。南瓜富含 β- 胡萝卜素、铁、钾、纤维、维生素 C，还含有蛋白质。购买时，一定要挑选结实且外貌美观的南瓜（其外观看起来是扁平、圆形、绿色的），通常在秋季和冬季可以买到这种南瓜。

大　葱

大葱可以用来搭配很多菜品，比如味噌汤、小炒、荞麦面、乌冬面、日式拉面以及饺子。你会发现它们出现在本书的许多菜谱中，所以请记住它们各种神奇的益处。大葱富含有助于增强免疫力的维生素 C 和维生素 K。

洋白菜

我在日式土锅、寿喜烧、沙拉以及汤羹等菜肴中都会用到这种美味而脆嫩的卷心菜，这种蔬菜也经常被做成可口的泡菜。洋白菜有一条显眼的白色叶脉，顶部覆有美丽的淡绿色叶片。这种蔬菜含有丰富的叶酸、维生素 K 与维生素 C。它也是一种天然的利尿剂，还能提升免疫力，这些功用使洋白菜成为寒冷季节里绝佳的食材选项。

本占地菇

这种食用菌呈现为可爱的团簇状，被称为本占地菇。它们全年都处于当令期，可能只有在日本超市才找得到。本占地菇含有维生素 B、维生素 D，食用这种菌类是人体摄取更多锌和铜的有效途径。我个人喜欢在烹制汤羹时放入这些多汁且香味浓郁的蘑菇，还会加一些荞麦面，此外，我还会将这些菇类放入调味料里，以提升鲜味口感。购买蘑菇时，可以通过轻轻按压，挑选结实而新鲜的蘑菇。在美国购买菇类食材时，可以考虑 Hokto，它是一个有声誉且可靠的品牌。

菠 菜

日本人喜欢菠菜这种食材。想要让自己吃的食物更有营养，在汤羹或者其他热菜中加一把新鲜菠菜就是一种又快又简单的方法！菠菜是人体中镁、钾、叶酸、铁、钙和维生素 A、维生素 C 以及维生素 K 的重要来源。我会在我所有的奶昔中加入菠菜，以补充绿色营养物质。购买菠菜时，注意挑选那些新鲜、有生气、叶子尚未枯黄的菠菜。比起买嫩菠菜，购买一整把叶片完整的菠菜更省钱——但要注意，在烹饪前一定要把它们彻底清洗干净！在被清洗之前，菠菜可以在冰箱中储存一个星期左右。

牛蒡根

牛蒡根可以帮助降低人体患心脏病的风险，还有助于将血压维持在健康的水平。牛蒡中的钾含量高，能够使皮肤保持水润和光泽。它富含纤维和菊粉，能让你的胃更幸福。牛蒡根还可以帮助身体排出毒素。而且，由于富含维生素 C 和维生素 E，牛蒡还可以提高人体的免疫力。

日本人喜欢煎炒或者腌制牛蒡，而我会在我的炸什锦（混合天妇罗）中用到它。从小到大，我的饮食中一直都有美味的牛蒡根，而我永远不会忘记我妈妈烹制的可口的酱炒牛蒡丝（金平牛蒡，菜谱详见第 91 页）。在健康食品商店或日本食品商店可以找到深色的细长牛蒡根。

开放心态，接受新奇而有营养的启发

素斋类菜品（精进料理）
僧侣之斋，虔诚之食

在日本，素斋类菜品（精进料理）是一种带有虔诚意味的美食。烹饪这种素斋，是为了庆祝时令蔬菜成熟，也是为了获取滋养。在这一过程中，人们会利用植物的所有部分，使自己得到激励与启发，并在烹饪与食用的过程中感受和谐与和平。这些餐食不含洋葱与大蒜等味道较重的食材，也不使用动物类食品。

素食主义并不仅仅是 20 世纪 60 年代才兴起的一种饮食潮流——在许多文化中，素食主义从 13 世纪开始就已经成为许多人的理念以及生活方式。

我和姐姐曾经去高野山，并与当地的僧侣一起生活，我们在那里食用并学习烹制日式"精进料理"，而这段经历彻底改变了我现在做饭与吃饭的方式。我学会了使用更多的植物类食材，也学到了如何用蔬菜、水果、全谷物食材、发酵食品和植物蛋白进行烹饪。我渐渐了解到，这些食物能与我的身心和谐共处，并让我感觉良好。

本书中大多数食谱的主要用料都是植物类食材，这是为了让你感到更轻松、更有活力、更快乐也更健康。能将这些素斋食谱与读者们分享，我感到十分激动。这并不是通俗意义上的节食——这是一种文化，也是传统与现代的结合，更是一种生活方式。

素斋类菜品中的基本食材

素斋类餐食以米饭为基础。无论是日本的僧侣还是普通的日本人,每顿饭几乎都会吃点米饭。通常,我们会用短粒白米饭来进行烹煮,因为米饭有助于使人产生饱腹感,还能平衡膳食。白米饭是铁、蛋白质和维生素 B_1 的优质来源。人们从这些被碾净了的谷物中探索出了很多历史。很久以前,制作白米饭需要耗费很多的时间和劳动力(不像现在这么简单!)。

过去,只有社会中的富裕人士或者高级阶层才能购买大米。妈妈这样对我解释:"我们用白米饭来供奉神明和佛祖,但现在,经济状况比过去好了很多,技术也发达了,所以每个人都能吃上白米饭了。"白米饭提醒我们,我们所食的一餐一饭中都蕴藏着历史——要感恩我们现在所拥有的一切,这是一件重要的事。

要烹制这种素斋,还需要其他辅助食材:

豆腐   本地的时令蔬菜

蔬菜干   味噌酱

海藻类蔬菜   食用菌类

豆类   茶叶

腌制梅干

随着我对烹饪"和食"这种传统的日式餐食越来越感兴趣,我开始学习更多与之相关的传统文化。我最好的老师就是我的妈妈、祖母、小姨婆卓子,是我的朋友由加里坂本、罗娜·蒂松以及我的老师伊丽莎白·安多。我从他们那里学到了很多,现在想与读者们分享。下面,我会简单地概括日本传统饮食文化中的一些重要概念。

日式餐饭（和食）

"和食"指深深根植于日本传统和地域文化的饮食。"和"兼具"日本、和谐、和平"之意。我不仅仅想让读者们实现以素食为主的饮食，更想让大家感受到自己与摄入的营养之间存在着和谐的关联。和食中，甜味、香味、酸味、少量脂肪以及浓郁鲜味巧妙地达成了平衡。用"和食"的和谐之道，来滋养你的精神与美丽的心灵吧。

吃八分饱（腹八分）

"腹八分"即吃饭只要吃到八分饱就好。这并不是一种剥夺，而是关于满足和适度。在真真"饱"了之前停止进食，就不会因为多食而不舒服。这样你就会更轻松，消化功能也会改善。

鲜　味

鲜味是继甜味、咸味、酸味以及苦味之后的"第五味"，是最接近"质朴"描述的可口滋味。日本人在每道菜中都加入了鲜味元素，一些日本厨师认为鲜味蕴藏着强大的力量。鲜味的常见来源包括蘑菇、酱油和味噌酱。

那我开动了！（いただきます）

"いただきます"即"我要开始吃这顿饭了，谢谢您"。在日本，人们用餐前会说这句话。这一仪式是表达对食物的尊重与感激——感谢每一位参与制作餐饭的人，并以能够享用这一餐为荣。

日式酒席菜肴（会席料理 / 懐石料理）

在日语中，这两个短语读音相同，但对应汉字不同。

1."会席"指一流的、传统的日式宴会菜肴。

2."懐石"则指茶道仪式前的简单餐饭，也可指高端精致菜肴。

从传统上讲，这两种日本料理是在茶道仪式开始之前供应的简单餐饭。几百年后，它们演变成了正式的、装盘精美的餐食，一般与其他人一起享用，并可根据自己的喜好进行调整。在日本餐厅用餐时，你可能会在菜单上看到"会席料理 / 懐石料理"这样的词，这里是指厨师精选的符合时令的小盘菜肴。在家里自制这样的日料也很简单——只需要选用两到五个菜肴装盘即可。

装盘（盛り付け）

日本人喜欢通过进餐来款待自己的视觉。根据传统，日本人喜欢用精美的小盘盛放丰富多彩的营养美食。"盛り付け"一词指的正是日本料理中的精美装盘。而将一顿饭所有食物都放入一个大盘子里，是非常西式的做法。

我们都喜欢把便当做得有趣，尤其是做给小孩子的便当，这样他们更愿意探索新食物，享受用餐时光。在第 140 页，你会读到可爱便当的做法。

多谢款待（ご馳走様でした）

日本人在结束进餐时，用这句话来表达对美味餐饭的感激之情。通常是说给烹制这顿饭的人听，而农民、商贩以及劳动者也参与了食物最终呈上桌的过程，这句话也向他们表达了尊重与敬意。这句话告诉每一个人"谢谢您的这顿餐饭，我很感激，现在我吃完了，也吃饱了，这些食物都很美味"，算是一件美好而体面的事情。

早餐 & 开胃菜

抹茶椰子思慕雪

2 人份

这款抹茶椰子甜品堪称完美的早餐！在里面加一些菠菜和抹茶粉，你会感觉，从这一天的开始，自己就得到了滋养。如果想获得额外的能量，可以在里面加一勺植物蛋白粉。

1 量杯不加糖的椰汁或杏仁奶

2 量杯有机嫩菠菜

1/2 根经过冷冻的香蕉

如有需要，可准备 1/2 量杯冰块

2 茶匙优质绿色抹茶粉

1 汤匙不加糖的干制椰丝或 1/2 量杯的新鲜椰子切片

　　将所有配料放入高功率搅拌机中进行搅拌，直至其均匀平滑。成品可立即食用。

红薯肉桂冰沙

3 到 4 人份

这款简单营养的红薯冰沙让我想起在冲绳的朋友们！用烘焙或烘烤过的剩余的红薯来烹制这款美味且颇具奶油质感的冰沙，其中富含美容养颜的营养物质，例如维生素 A 和 β- 胡萝卜素，还有纤维，让它们为你的生活加油。

2 量杯（其他烹饪过程剩下的）糊状或烘烤过的红薯（请阅读注意事项）

½ 茶匙肉桂粉

1½ 量杯不加糖的杏仁奶

1 量杯淡椰奶

1 量杯冰

将所有配料放入高功率搅拌机中搅拌至均匀。随后可立即食用。

注意事项

如欲制作烤红薯，可以先剥 2 个红薯，并将它们切成约 2.5 厘米见方的立方体。用椰子油涂抹均匀后，在约 177 摄氏度的温度下烤制 38 至 40 分钟。冷却后进行搅拌。

日式米粥

6 人份

这里所列出的粥品简单易学，在花费不多的条件下就能让你吃饱。对于日本人来说，这是一种令人舒心的食物，它通常是用鸡肉熬制而成的，以帮助感冒的病人尽快痊愈。这种米粥也可以以火锅中的剩余汤汁或味噌汤为原料烹制。粥既美味又能给人带来饱腹感，可以在冰箱中存放好几天。

2 量杯未煮过的中粒白稻米，冲洗并沥干

7 至 8 量杯纯净水、日式汤汁（见第117 页）或高汤 / 肉汤

两片长约 12.7 厘米的海带或裙带菜

牛油果片、鲣鱼片、酱油、味噌酱、芝麻菜和 / 或七味粉（可选）

将冲洗过的大米放入一口大锅中。加入水或汤料（如果想要熬制出浓稠的粥，需要加 7 量杯水；如果想要熬出来的粥稀一些，就把 8 量杯的水全部加入），然后放入海带，用中火煮约 15 分钟。

调至中小火，继续烹煮 15 分钟，偶尔进行搅拌。持续烹煮、搅拌，直到大米吸收了全部水分且煮熟，这一过程共约 30 分钟。

将粥分别舀入六只碗中。用配菜装饰，然后开始享用吧！

在日本，妈妈们知道很多关于粥的门道！

在美国，鸡汤家喻户晓，而在日本，粥品享有同样的声誉。当你感觉有点不舒服的时候，可以喝粥。在这里，我的母亲分享了两种创造性的方式来享用粥品，让它治愈你，让你感到舒心。你其实不必等到生病时才去尝试！

菜粥：米粥＋蔬菜，可以用日式土锅进行烹制；如果要调味的话，只加盐就好了！

茶粥：茶粥是以茶代水煮出来的粥。根据这种做法，你可以将烤制后的绿茶加水煮沸，然后把米放进去煮，这样就会调出真正的淡淡鲜香味。正如妈妈说的："真美味啊！"

传统日式早餐

味噌 + 米饭 + 日式泡菜
4 人份早餐（但也可具体定制，详见下文）

传统的日式早餐一般会有热米饭、日式泡菜、味噌汤，偶尔也会有生蛋拌饭或玉子烧（日式煎蛋卷）。

要做出令人心满意足的日式早餐，你需要以下食材。可以根据用餐人数调整食材数量（可将照片作为参考）。

4 量杯热的白米饭

4 量杯味噌汤（简单易制的蔬菜味噌汤，详见第 102 页）

日式泡菜

1 份玉子烧（日式煎蛋卷，做法详见第 152 页、第 154 页）或其他蛋白质类食物（可选）

将四碗蒸好的热白米饭端上桌。

将四碗热味噌汤端上桌。

将泡菜装在小盘子里，端上桌。

按照你的喜好，将含有蛋白质的食物装盘，例如玉子烧、三文鱼、豆腐。

在餐桌上放上你最喜欢的日式调味品，例如，紫菜盐、辣椒、酱油等。

然后，开动吧！

味噌酱配牛油果烤面包

2 人份

我第一次尝试这种做法时，一天之内吃了三次，每顿饭都要吃这种烤面包。我这样说，你应该能稍稍理解这种牛油果烤面包到底多好吃了！现在，对我而言，味噌酱和牛油果简直就是绝妙的搭配，我都无法相信自己之前从未尝试过。这道菜在几分钟内就能做好，而且一定能让你的烘烤作品更上一层楼。

椰子油或橄榄油（喷雾式），用于平底锅上；两片你最喜欢的面包

4 茶匙有机赤色或淡色味噌酱

1 颗熟的牛油果，对半切分，去核，切成薄片

少量七味粉、少量芝麻盐

　　烤制面包片：使用中等大小的平底锅，喷上一层油喷雾，开中火。将面包片放入平底锅，两面都要烤，每面用时 1 到 2 分钟。

　　在每片面包的单面涂抹少量的味噌酱。再用一点烹饪喷雾，轻轻喷洒到平底锅上，以防粘锅。将烤面包重新放入平底锅，有味噌酱的那面朝下，再烤一两分钟，到面包呈现出金黄色即可。

　　将烤面包从煎锅中取出，转移到干净的工作台上，有味噌酱的那面朝上。将牛油果片放在面包片上，如有需要，可以用叉子捣碎。

　　撒上七味粉和 / 或芝麻盐，即可开始食用。

紫菜盐爆米花

4 到 6 人份，可作为小吃或开胃菜

对于日式晚餐派对而言，这种简单易制的小吃是完美的餐前开胃菜，或者，在放松心情的电影之夜，把它当作零食也很好。

¾ 量杯有机爆米花仁（可以在散装食品区购买）

1 至 2 汤匙椰子油，融化状，或使用特级初榨橄榄油

4 至 5 汤匙紫菜盐

¼ 茶匙海盐

椰子油或橄榄油喷雾（如果你想要爆米花的包裹层更厚的话）

将有机爆米花仁放入中等大小的棕色纸质食品袋中。折叠袋子顶部，将口袋密封。一般情况下，把它们放进微波炉中加热约 2 分钟，让它们爆开，或者一直加热到你听见只有剩余几颗爆米花仁还在爆裂，每次爆裂的时间间隔约为 3 秒钟为止。一定要全程关注，以免纸袋着火。

小心地从微波炉中取出食品袋，加入融化的椰子油或橄榄油，还有紫菜盐以及海盐。摇匀，使爆米花与调味料相混合。如果想要让爆米花的包裹层更厚，可以轻轻喷上有机椰子油或橄榄油，然后再将在袋中的爆米花轻轻摇匀。

天妇罗

　　在家里制作天妇罗比你想象的要容易得多！你需要一口大的平底锅、一些用于煎炸的油，以及面粉、水和鸡蛋这一完美结合。

　　在结束烹饪时，撒上马尔顿盐或其他粗粒海盐，风味将大有不同！可以配上一点自制天妇罗蘸酱（详见第 89 页）。

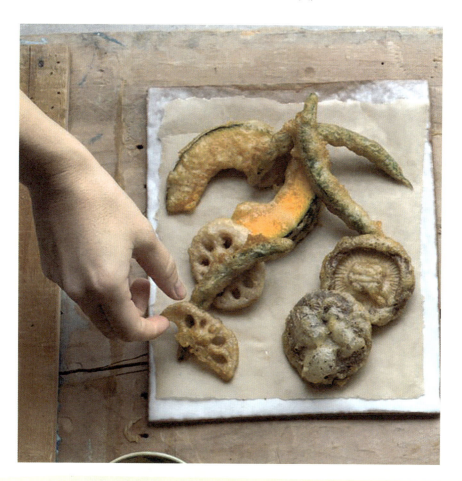

蔬菜天妇罗

4 到 6 人份，作为开胃菜

将新鲜的蔬菜裹上面浆，油炸成脆脆的天妇罗，再蘸上天妇罗酱，这在日本餐食中是绝对的主流。你要在自己的生活中不断寻求平衡。我从日本文化中学到，只要你积极活跃并保持健康的生活方式，你会一直觉得满足的。试试这个食谱，将其作为周末佳肴，与你的朋友们一起享用吧！

天妇罗面浆配方

1 量杯 +2 汤匙低筋面粉（蛋糕粉）

1¼ 量杯冰水或苏打水

4 量杯米糠油（详见注意事项）

1 茶匙烘焙苏打粉

1 茶匙玉米淀粉

1 枚较大的鸡蛋

马尔顿盐或其他海盐，用于收尾时调味

可选蔬菜（大约 10 量杯你所选的含淀粉的蔬菜）

红薯，保留外皮，切成薄片装盘

南瓜，不要削皮，切成半月形的薄片

绿豆，洗净

完整的香菇，去除茎部

片状洋葱圈

大胡萝卜，削皮，切片

刮过的牛蒡根，去皮，斜着削成薄片

莲藕，切片

秋葵，将其顶部进行修整，然后切片

2 汤匙低筋面粉（蛋糕粉），在油炸前轻轻地将所选蔬菜放入其中在本地的日本食品杂货店可以找到米糠油。如果需要的话，你也可以用植物油来代替它进行油炸。

在一只较大的烤盘里铺上厨用纸巾。

将你所选择的蔬菜和 2 汤匙的低筋面粉放入一只大碗中，混合在一起并轻轻搅拌。

用一口较大的锅，小心地用中高火加热食用油。

单独拿一只中等大小的碗，将所有天妇罗面浆配料混合并搅拌，直至最终制成面浆。拿起一小撮裹有面粉的蔬菜，慢慢地将它们放入制好的天妇罗面浆中，轻轻涂上面浆。然后小心地将涂有面浆的蔬菜放入热好的油中，开始油炸。

当蔬菜开始呈现金黄、淡棕色并浮在油面上时，使用笊式漏勺、笊篱或筷子小心地将其转移到准备好的烤盘上，排出多余的油。

配天妇罗蘸酱（详见第 89 页）或辣蛋黄酱食用。请参阅第 91 页，查看炸什锦的照片。

天妇罗：重新加热以及储存的相关事项

天妇罗最好趁热、趁新鲜食用。一定要记得用纸巾吸出多余的油。如果有吃不完的天妇罗，也要存放在纸巾中，然后放在密闭的容器里，冷藏储存，最多可存放一个星期。如果需要重新加热，要先将天妇罗放到室温环境中，再将它们放到预热过的平底锅里，双面都要加热，直到天妇罗整个变热。还有一种方法：你可以将烤箱预热到约 191 摄氏度，然后将已经达到室温的天妇罗放入烤盘中，直到它变得温热，这一过程需要 5 到 6 分钟。

炸什锦

4 人份，作为开胃菜

当有剩余的蔬菜需要处理时，这道口感薄脆的菜肴是日本家庭的最爱！我的日本朋友喜欢把炸什锦（松脆的天妇罗面浆和油炸蔬菜面糊）作为偶尔吃一次的美味佳肴。这里给出的配方与鲜味天妇罗酱是绝妙搭配，你也可以蘸着辣椒蛋黄酱食用。美味！

所用蔬菜（也可以是你烹饪时剩下的蔬菜！）

两个中等大小的胡萝卜或者红薯，切成丝状（也可以两者都有！）

2 量杯香菇（去除茎部），切片，或者试试撕好的金针菇或舞茸

1 个黄洋葱，切成薄片

1 个中等大小的牛蒡根，切成薄片

1/4 个南瓜，不剥皮，切成薄片，再削成条状

2 汤匙低筋面粉（蛋糕粉），用于裹在蔬菜外

天妇罗面浆

1 枚较大的鸡蛋

1¼ 量杯冰水

1 茶匙无铝小苏打

1 量杯 +2 汤匙低筋面粉用于煎炸

4 量杯米糠油，用于油炸

优质海盐，如马尔顿盐，用于收尾时调味

天妇罗蘸酱（放在一起，用中低火进行烹煮，过程约 10 分钟）

1/4 量杯味霖
1 量杯汤汁（详见第 117 页）

2 汤匙低钠有机酱油

将托盘铺好纸巾，放在一边。

在大号搅拌碗中，将所有切成薄片的蔬菜混合，并加入 2 汤匙低筋面粉，轻轻搅拌；注意，不要过度搅拌。

拿出一口较大的锅，开中高火，小心地将油加热到发烫。

再拿出一只单独的碗，将之前备好的面浆放入其中，搅拌均匀。

用干净的手，加入 ⅓ 量杯已经切成薄片的混合蔬菜，然后轻轻地将切过的蔬菜裹上面浆（尽量不要让蔬菜破碎）。

将裹了面浆的蔬菜放入热油中，每次放 ⅓ 量杯的量，并将这 ⅓ 量杯的食材油炸成一块炸什锦。当食物呈现出金黄或浅棕色并漂浮在油面上时，将其取出，并放在铺有纸巾的托盘上，以吸出多余的油。

继续，直到用掉所有面浆，然后配上蘸酱，开始食用！

金平牛蒡

4 人份，可作为配菜，也可搭配米饭，作为主菜食用

牛蒡根是一种富含纤维的食物，质地坚韧，有嚼劲。对我而言，它的味道有点像洋姜与甜胡萝卜混合在一起的感觉，但尝起来土味更重。金平牛蒡要搭配热米饭食用，因为这道菜偏咸。

1 个中等大小的胡萝卜

1 个中等大小的牛蒡根

1 汤匙特级初榨橄榄油

2 茶匙有机白糖（也可用味霖）

2½ 汤匙低钠酱油

1 汤匙烤芝麻油

1 汤匙烤芝麻

将胡萝卜切成条状，每条长约 5 厘米。

将牛蒡根洗好并擦净（不要削皮）。刮牛蒡：使用刀或蔬菜削皮器从较粗的一端削 / 刮到较细的一端。去皮后，就像切胡萝卜一样，将牛蒡切成约 5 厘米长的细条。

在中等大小的炒菜锅中，用中高火加热橄榄油。将胡萝卜和牛蒡放入锅中，降至中火，然后翻炒至食材散发香味，这一过程大约需要 10 分钟。

加入白糖，再翻炒大约两分钟，到白糖熔化为止。加入酱油，继续翻炒，直到液体蒸发掉，这一过程需要 1 至 2 分钟。 加入芝麻油和芝麻，搅拌，使它们覆于蔬菜上。关火，成品可立即与米饭一起食用，也可作为单独的配菜。

日式饭团

此处列出的食材可供制作 6 个饭团

这种食物充满怀旧气息以及童年的回忆。母亲在烹饪时总是最美的，她安静而专注，真正做到了活在当下。童年时光里，我可以带饭团到任何地方，我的日本朋友和家庭成员都喜欢在去公园游玩时带上饭团，把它们当作午餐，或者作为奔忙时期的小吃。制作饭团时可以定制餐食或小吃。可以用腌制梅干、日式泡菜、牛油果、红薯以及食用菇类来制作饭团，以保持素食；还可以在其中加入鲑鱼（三文鱼）等富含蛋白质的食材。

3 美式量杯稍微冷却的熟米饭（1½ 杯生米，洗净）

2 或 3 张紫菜，折叠，撕成方片状。将紫菜对半折叠两次，共需要 10 到 12 片。压出明显折痕，沿折痕撕开

⅓ 量杯温水

盐

烘烤过的芝麻盐或紫菜盐（可选）

传统日式饭团馅料

腌制梅干或腌制梅子酱

日式泡菜、干鲣鱼片

咸味鲑鱼（用盐和胡椒烹制）

香菇，辅以芝麻、味霖及酱油烹制

非传统饭团馅料

牛油果，与蛋黄酱及辣酱混合

烤红薯片，涂上味噌酱与辣酱

美味而有创意的饭团馅料

炒制的蘑菇片，搭配牛油果

小块牛油果，蘸上少许酱油，再搭配一点烤胡萝卜

在电饭煲或大锅里将米饭煮熟，后凉至冷却。如果使用电饭煲，里取1.5 量杯洗净的大米，加 3 量杯水。

将温水倒入小碗中加少量盐。用水将手沾湿，避免米粒粘手。

将 ¼ 量杯 / 勺冷却米饭放在一只手上，压扁，在中间放置馅料（腌制梅干、牛油果、日式泡菜以及熟蘑菇等）。用另外 ¼ 量杯 / 勺冷却米饭盖在上面。用力挤压，制成圆形或三角形。如图，用 ¼ 大小的紫菜均匀包裹饭团的底部。

可以在米饭外撒紫菜盐或者芝麻盐。传统意义上，日式饭团可以直接食用——只是包在紫菜里的米饭与馅料。现在就开动吧！

日式量米杯 vs 美式量杯

日式的量米杯与美式的量杯不同。美式标准量杯的容量为 8 盎司 [1]。日式标准量米杯容量是美国量杯的 2/3（约 6 盎司）。

在购买日本电饭锅（我建议你买一个）时，一定要注意对水和米饭进行测量。如果使用日式量米杯进行测量，请一直使用同一款日式量米杯。如果选择使用其他量杯，也请一直用同一种量杯进行测量。这样能够确保你做出完美的米饭。

---

[1] 编注：1 盎司合 28.3495 克。故 1 美式量杯的米约 226.8 克。

味噌萝卜黄瓜沙拉

4 人份，可作为开胃菜或配菜

这种稍稍经过调味的沙拉是我成长过程中最爱的食物，它有点像日本的醋拌凉菜（酢の物），也是一种黄瓜沙拉。我在这里加入了甜味的胡萝卜圈，而妈妈喜欢在这款清爽的夏季配菜中加入新鲜的生姜。

味噌调味料

2 汤匙有机赤色或淡色味噌酱

3 汤匙米醋或未经过滤的原汁苹果醋

1 茶匙烤制芝麻油

2 茶匙烤芝麻

沙拉配料

两根较大的黄瓜，切成丝状

1 根较大的胡萝卜，制成圈状

2 汤匙用水泡过的裙带菜

做调味料：将味噌酱、油、醋和烤芝麻一起放在一只大碗里进行搅拌。

制作沙拉：往碗里加入切好的黄瓜、萝卜圈和裙带菜，撒上调味料。

立即食用，或稍后食用，盖上（保鲜膜），冷藏 10~20 分钟，变凉后即可食用。

剩菜可以存放于密闭容器中，在冰箱里储存，保质期为 5 天。

纳豆牛油果

4 人份，可作为小吃

纳豆由发酵的大豆制成，深受日本人喜爱。纳豆的味道绝对需要食客渐渐习惯才可以接受，在食用时，你可能既要适应它黏黏的质感，又要适应那种独特的味道。但我个人很喜欢这种日式佳肴的可口发酵风味。在这道简单的菜品中，牛油果会使得纳豆的刺激味道变得柔和一些。

4 量杯煮熟的糙米或者你最喜欢的谷物　　　　2 包有机纳豆

2 个牛油果，去核、去皮，并进行切块

配料

低钠酱油或普通的老抽　　　　　　　　　日式鲣鱼片（可选）

米醋　　　　　　　　　　　　　　　　　大葱，斜着切成薄片

将煮熟的糙米或谷物分别装在四只碗中。

将味噌酱与小块牛油果放在谷物上，随后淋上酱油、米醋，再放上鲣鱼片（如果用到了的话），然后撒一些切成薄片的大葱。

味噌烤红薯

4 人份

如果给慢烤红薯加一点枫糖浆、芝麻、米醋还有味噌酱，那会是什么味道？简直就是天堂般的体验。如果想要更快地做出这道菜肴，请将你最喜爱的根茎类蔬菜或者红薯切成约 2.5 厘米见方的小片或者小方块，然后放入腌泡汁中搅拌，随后置于烤盘上，在约 190 摄氏度的温度下烤制40 分钟。

不粘锅的橄榄油或椰子油，烹饪喷雾装

3 汤匙有机赤色或淡色味噌酱

3 汤匙烤制芝麻油

2 汤匙米醋

2 茶匙有机枫糖浆或蜂蜜

5 个中等大小的红薯，去皮

芝麻盐，用作配料

    将烤箱预热至约 204 摄氏度。用烹饪喷雾喷涂不粘底的 20~23 厘米长的馅饼盘。

    在搅拌碗中，将味噌酱、芝麻油、醋和枫糖浆混合，搅拌均匀，备用。

    将红薯斜着切成大约 0.6 厘米厚的薄片。在准备好的馅饼盘上把它们排好，并浇上调味料。使用糕点刷，将调味料均匀地涂抹于红薯上，然后盖上铝箔，让红薯在室温下腌制约 30 分钟。

    将盖有铝箔的红薯放在烤箱的底层，烘烤约 40 分钟，或到食材呈现棕色、质地变得柔嫩即可。

    小心地从红薯上取下铝箔，并将烤盘移至烤箱中层，再烘烤 30 分钟，此时不需要盖铝箔。仔细观察，防止食材燃烧。当红薯外部变得金黄且柔嫩时，即可关掉烤箱，取出食物。

待烤红薯稍稍冷却后，即可将这道高颜值的菜品盛到家常烤盘中，然后端上桌。

面　条 & 汤

简易味噌根菜汤

4 人份

我的外祖母每天早上都会吃米饭、吃日式泡菜、喝味噌汤，我受到她的启发，做出了这道美味的味噌汤。每当我烹制这道简单营养的汤品时，我都会想到外祖母，这也激励着我创造属于自己的健康生活习惯。

4½ 量杯水

¼ 量杯干制裙带菜

¼ 量杯有机赤色味噌酱

3 根大葱，斜着切成薄片

1 量杯去皮、切片的根茎类蔬菜比如胡萝卜、芜菁、欧洲萝卜

1 量杯约 1.9 厘米见方的有机老豆腐（约 99 克）

用中等大小的炖锅将水煮沸。在其中加入味噌，进行搅拌，并调至小火。当汤液即将沸腾时，加入干制裙带菜，随后加入蔬菜。将汤文火煨炖 6 至 7 分钟，注意不要煮到沸腾。

关火。加入小块豆腐，加热，这一过程需要 1 到 2 分钟。

将汤分别舀入几只碗中，并撒上大葱。记得趁热食用。

不喜欢大葱吗？那你也可以将食材换成一把切碎的绿叶类蔬菜。甜菜和羽衣甘蓝营养丰富，正好可以搭配热乎乎的汤。

红皮土豆 + 洋葱香菇味噌汤

6 人份

这款超级美味又暖心的汤是我在秋冬季节最爱做的食物之一。加入了红皮土豆、香菇以及裙带菜之后，这道菜的菜品实在令人满足。

3 汤匙烤制芝麻油

1 个黄洋葱，切成薄片

2½ 量杯切成薄片的香菇盖

½ 量杯赤色或淡色的有机味噌酱（也可以用低钠款的）

2 汤匙味霖

8 量杯纯净水

4 至 5 个中等大小的红皮土豆，洗净，轻轻拍干，对半切分，然后切成长约 2.5 厘米见方的片状

½ 量杯干制裙带菜

如果爱吃辣的话，准备好七味粉或辣椒酱（可选）

用中低火加热大号汤锅里的油，放入切好的洋葱翻炒，到食材呈现金棕色即可，这一过程约需 12 分钟。加入香菇翻炒至金黄色，这一过程需 6 到 8 分钟。

放入味噌酱炒 5 分钟。加入味霖，锅底收汁。

倒入纯净水搅拌以溶解味噌酱。调至中高火，直到把食材煮沸。放入土豆，盖上锅盖，烹煮约 10 分钟，或煮到土豆可扎穿即可。后将裙带菜放入锅中煮 5 分钟（长条裙带菜需拆分成小段）。

将汤汁舀入四只碗中，然后撒上七味粉调味（如有需要）。

简易蔬菜拉面

2 到 3 人份

拉面是我最喜欢的日本料理，我们是吃妈妈做的拉面长大的。她和爸爸会用旅行车带我们从圣地亚哥一路开到洛杉矶 [1]，每个月一次，只为在加迪纳 [2] 的日本商店购物，然后去谢尔曼·奥克斯 [3] 吃一顿正宗的九州风味日式拉面。正如菜谱的名字，这种食物非常容易烹制，而且里面含有很多营养蔬菜。每次制作这道面点时，我都会想到家庭旅行的时光，旅途中冒着热气的拉面真是令人怀念啊！

汤料

2 汤匙烤制芝麻油

1 个小黄洋葱，对半切开再切成薄片

6 量杯低钠蔬菜汤或鸡汤

3 汤匙低钠酱油

1 量杯 2.54 厘米见方的咸豆腐块（详见第 162 页，可选）

2 量杯切成薄片的羽衣甘蓝或芥菜叶

1 包约 283 克的新鲜拉面

新鲜配料

1 量杯豆芽

1 根大葱，斜着切成薄片

1 个萝卜，切成薄片（可选）

辣椒油或辣椒酱，用于口味微调（可选）

七味粉（可选）

烤芝麻（可选）

---

[1]　译注：二者均为美国加利福尼亚州的城市，相距约 200 千米。

[2]　编注：加州洛杉矶的下属城市。

[3]　译注：洛杉矶的一个街区。

制作汤底：使用中号锅、中火，将烤制芝麻油和洋葱翻炒约 10 分钟，或到食材变软，呈半透明状。放入豆腐、羽衣甘蓝或芥菜叶，到蔬菜叶变软即可。倒入蔬菜汤或鸡汤，加入酱油。调大火使食材沸腾，烹煮几分钟（注意不要过度烹煮绿色蔬菜）。

用另一口中号锅加水煮沸，放入拉面烹煮约 3 分钟，或按包装袋指示烹饪，然后关火，滤水。

稍稍尝一下汤汁，进行调味。可多放点酱油，或加点味霖，然后关火。

用餐钳把拉面分盛到碗中，将汤汁浇在面条上，撒上豆芽和大葱，还可放一些萝卜片，然后淋上辣椒酱或辣椒油，撒上七味粉或烤芝麻。

拉面小贴士

其实拉面并不能算一道"快手菜"。的确，拉面做起来很快，又美味又简单，但也不是能随便做好的。事实上，传统拉面面汤需要好几个月才能达到成熟与完美的境界。倒入汤汁后，还必须正确地处理面条，如何使调味料与汤底完美融合也是一门学问。

即使在纽约，正宗的拉面商家也不提供外卖服务，因为那会影响拉面的完美口感。不要让上述事实吓退你，使你不敢尝试这道快手菜，但请一定避开那些满是味精、可微波炉加热的拉面产品。

日式蔬菜火锅

4 人份

在日语中，"土鍋"与"火锅"相近。这种很受欢迎的烹饪方式只需要一口锅。一锅餐在日本十分流行，尤其在寒冷的冬季。日式火锅一定要与一群人共享，所以与朋友们一起开动吧！

3 汤匙烤制芝麻油

1 个黄洋葱，切成半月形薄片

2 量杯切成薄片的香菇盖

3 量杯切成薄片的羽衣甘蓝叶或水菜[1]，保留其茎部并切碎

1 汤匙磨碎的生姜

7 汤匙低钠有机赤色或淡色味噌酱

2 汤匙味霖

6 量杯净化水

½ 个较大的白萝卜，去皮，纵向对半切开，然后切成半月形的薄片

3 量杯 2.54 厘米见方的未削皮的南瓜块

1 至 2 量杯 2.54 厘米见方的老豆腐块

七味粉，用于调味（可选）

用一口较大的锅，以中低火给油加热。放入洋葱，烹饪至食材质地透明、散发香味即可，此过程大约需要 10 分钟。

放入蘑菇以及羽衣甘蓝叶的茎部，翻炒至其颜色呈金黄色即可，此过程大约需要 5 分钟。然后放入磨碎的生姜，烹饪至食材散发香味。

加入味噌酱，并将味噌酱搅拌均匀，使酱料包裹洋葱和蘑菇，再烹煮 5 分钟。用味霖收汁。加水。

---

[1]　译注：日式沙拉菜。

将萝卜切片整齐地放入锅里，然后加入南瓜块。调至中高火，将食材熬煮至即将沸腾的状态，然后继续烹煮大约 8 分钟。

加入豆腐块。加入切碎的菜叶，烹煮至叶片变软。

如果全家人一起吃，请将三脚架或隔热垫放在桌子上，然后将火锅放在上面。放一只汤匙在锅里，并为每个用餐者准备单独的碗。传统上，用餐过程中大家会自己给自己夹菜，或者让东道主在火锅中单独准备你所喜欢的蔬菜以及富含蛋白质的食材。然后舀出热汤汁，倒在蔬菜和豆腐块上，如果需要的话，还可以撒上七味粉。现在就开动吧！

日式火锅知多少

锅料理：火锅

土锅：黏土锅，陶锅煲

锅物：精简版的火锅类食物

你也可以将陶锅中烹煮出的肉汤倒在煮熟的米饭上吃。

你可以在火锅中加入剩余的米饭，然后用这些食材煮粥，这也可以称为日式粥。

如果你想让自己的火锅更有味道，只需要多加点盐、酱油或者味噌酱。

辣味噌芝麻酱拉面

4 人份

这款超级美味的辣味拉面用基本的厨房备用食材即可制成，比如味噌酱和芝麻酱，还可以加点辣椒酱调味。我喜欢在拉面里加点辣椒酱，以此提升食物的热量，然后打一个半熟的、软软的鸡蛋来为这道美味收尾。

汤料

2 汤匙烤制芝麻油

1 个黄洋葱，切成薄片

2 量杯切成薄片的香菇盖

1/2 量杯有机赤色味噌酱

1/4 量杯普通芝麻酱或日式芝麻酱（见备注栏）

2 汤匙味霖

8 量杯纯净水

2 汤匙美式或日式辣椒酱

两包约 283 克的新鲜拉面（尽量购买 Sun Noodle 牌，并检查其克数，以确保面条分量合适）

新鲜的配料

2 量杯嫩菠菜

2 棵大葱，斜着切成薄片

2 个半熟的鸡蛋，对半切开（可选）

1 个牛油果，用其中一半，去核，然后切成薄片

辣椒油，用于淋在食物上（可选）

七味粉，用于撒在食物上（可选）

紫菜，切成长方形的小片，用于蘸食（可选）

　　制作汤料：在一口较大的炖锅或汤锅中，用中火加热烤制的芝麻油。加入洋葱，并翻炒 8 到 10 分钟，或到食材散发香气、呈半透明状即可。随

后加入 1 量杯香菇，再炒 2 到 3 分钟。

加入味噌酱与芝麻酱，包裹洋葱与香菇。再烹制 2 到 3 分钟。认真观察加热情况，根据需要调至中低火，否则汤汁容易失去其应有的味道。然后倒入味霖收汁。加水并搅拌均匀，以溶解所有味噌酱。

开高火，使汤汁接近沸腾，并将辣椒酱搅拌进去。开始时只加 2 汤匙的量比较保险，然后根据个人喜好再继续放入辣椒酱，并搅拌均匀，使其溶解。调低至中高火。

在另一口中等大小的炖锅中，将水煮沸，加入拉面，烹煮 3 到 4 分钟。用餐钳从沸水中捞起面条，或放入滤干器中过滤水分。

将烹制好的拉面分装到四只碗中。在每只碗中加入菠菜与大葱。在每碗面的上面放上同样的预先准备好的 1 量杯香菇、鸡蛋、牛油果、辣椒油、七味粉，并根据需要放上紫菜，再浇上肉汤，然后端上桌。

芝麻酱与日式芝麻酱

这里的芝麻酱是指一种经过轻微烤制的芝麻酱，是我最喜欢的烹饪原料之一。这里说的日式芝麻酱是指日式做法的烤芝麻酱，用黑色或白色未去壳或去壳的芝麻制成。在日本，人们一般会使用上文中提到的日式芝麻酱。而在美国，普通芝麻酱更受欢迎。虽然二者的口味略有不同（由于食材烤制或未烤制、去壳或未去壳等加工环节不同），但在烹饪中，这两种食材我都喜欢。

咖喱风味乌冬面

4 人份

在我们成长过程中，乌冬面是我们家庭主食之一。妈妈会烹制美味的自制高汤，并加入各种新鲜本地蔬菜，放点紫菜盐和芝麻盐。比起干制面条，我更喜欢粗大的乌冬面（新鲜或冷冻的均可），这是源于我妈妈的习惯。

高汤原料

8 量杯纯净水

4 片昆布（海带）

1 量杯干鲣鱼片

乌冬面汤原料

2 汤匙烤制芝麻油

½ 个黄洋葱，切片

2 量杯本占地菇（去底部），或切片香菇盖

2 汤匙味霖

1 茶匙有机糖

¼ 杯低钠酱油

3 袋约 227 克装的冷冻乌冬面或干制乌冬面

配菜

1 量杯新鲜白玉米粒，从穗处削下

4 片鱼糕薄片（可选）

1 个熟牛油果，去核去皮，切成薄片

½ 片紫菜，切成小条

1 量杯芝麻菜或嫩菠菜

1 汤匙黑色的芝麻盐

七味粉

2 个煮熟的鸡蛋，对半切开（可选）

准备自制高汤：使用中等大小的炖锅，开中高火，将水和昆布混合，煮至沸腾。降至中低火，继续煨30分钟。然后关火。加入鲣鱼片，然后煮5到10分钟，直到入味。将口味丰富的肉汤进行过滤，保留汤汁。这样，自制高汤就做好了。

制作乌冬面汤：在另一口中号汤锅中，开中高火加热食用油。加入切成薄片的洋葱，炒至食材散发香味，这一过程需要8到10分钟。然后加入蘑菇，再炒4到5分钟。

调至中火，加入味霖收汁，然后继续烹煮，搅拌，直到所有汁液蒸发。降至中低火，并加入糖和低钠酱油。

小心地倒入自制的高汤，煨至即将沸腾状，烹煮约10分钟。

在另一口锅中，将水煮沸，然后加入乌冬面，烹煮1至2分钟，或按照包装上的指示进行烹饪。关火，然后把乌冬面用自来水冷却，并在过滤器中沥干。

将面条分装到四只碗中，用勺子将汤汁舀入碗中，然后端上餐桌。

在成品顶部撒上新鲜去皮的玉米粒、一片鱼糕（如果准备了的话）、牛油果薄片、紫菜、芝麻菜或菠菜，以及芝麻盐。需要的话，还可以撒上七味粉并放入半个鸡蛋。然后开动吧！

自制的鱼汤

鱼汤是日本料理中使用的一种基本汤料。你会经常听到厨师们谈论各种各样的"鱼汤"——我曾在《美国铁人料理》上吃过草莓味鱼汤。日式鱼汤味道鲜美，一般由三种原料制成：干鲣鱼片（经过干制与发酵工序，切成薄片的鲣鱼）、昆布（日本海带）、水。将海带用水炖煮，然后放入干鲣鱼片增添鲜味，随后去除鲣鱼片与昆布，余下的高温液体被称作高汤。你也可以制作不同种类的高汤，比如只用海带熬制汤汁，或用小鱼干烹煮，还可以用香菇干等食材制作高汤。下面的配方可制作出简单纯净的基本款高汤，书里提到的高汤都可以用本食谱烹制。

8 量杯纯净水　　　　　　　　　　　　　4 片昆布

1 量杯鲣鱼片（日式干鲣鱼片）

　　使用中等大小的炖锅，开中高火，将昆布和水混合并煮沸。降至中低火，再煨 30 分钟。

　　加入鲣鱼片继续炖煮，直到食材融入汤汁，这一过程大约需要 10 分钟。将香味浓郁的汤汁进行过滤，高汤就做好了。可以立即享用，也可以盛在密封罐中，存放在冰箱里，保质期最长可达 2 周。

---

[1]　译注：*Iron Chef America*，美国一档以美食为主题的电视系列节目。

夏日日式挂面

4 人份

炎炎夏日，很适合吃上一碗凉面条。五十年来，日本气候发生了剧烈的变化，日本人开始珍视那些可以用来降温的美味，而日式挂面是夏日优选！

煮面食材

1 包日式挂面

1 大碗冰水混合物，约 1 到 2 量杯

可选配料（根据个人喜好，进行搭配或混合）

米醋

低钠酱油

辣椒酱

干鲣鱼片

大葱（斜着切成薄片）

紫菜盐

芝麻菜，或者也可以用你最喜欢的绿色蔬菜

萝卜芽

芝麻盐

豆腐块

牛油果片

按照包装上的指示烹煮挂面，随后沥干水分，再放入盛满冰水的大碗中。

将家庭式的食物摆放到餐桌中央。用餐钳或筷子将面条分盛到各个碗中，注意抖掉残余水分。加入自选的酱料与配菜。我一般会放一点酱油和米醋，外加各种配菜，比如大葱、鲣鱼片、芝麻菜、豆腐以及牛油果薄片等。

主　菜　篇

红薯薄煎饼

4 人份；下列食材可制作约 12 个煎饼

这道食谱是受我在冲绳度假时的启发而来的，这些煎饼是完美早餐之选。这道餐品混合了红薯泥、肉桂、杏仁奶和淡海盐等食材，完美结合了东西方的美味。

2 量杯通用面粉（也可使用无麸质面粉）　　3 汤匙有机糖

2 汤匙无铝泡打粉　　3 个较大的鸡蛋

1½ 茶匙肉桂粉　　1 量杯不加糖的杏仁奶

½ 茶匙海盐　　椰子油烹饪喷雾

1½ 杯红薯泥（或南瓜泥，如果你喜欢）

可选的配菜

黄豆粉（详见第 181 页）　　纯枫糖浆

香蕉片

　　将面粉、泡打粉、肉桂粉和盐在碗中搅拌均匀。

　　在另一只中号碗中拌匀红薯泥、有机糖、鸡蛋和杏仁奶。慢慢将上述干湿食材混合，制成的面糊会很厚。

　　开中火，预热不粘锅，并喷洒烹饪喷雾。

　　每个煎饼使用 ⅓ 量杯面糊，煎至煎饼外缘坚硬、底部金黄，此过程约需 2 分钟。后翻转将另一面也烹至金黄，此过程约需 2 分钟。

　　将薄煎饼放到镶边烤盘上，暂时放在一边。(在进行其他步骤时，可以将这些食材放在烤箱里保温，或者可在端上桌前重新加热。)

　　继续加工剩下的面糊，将制成的煎饼放到盘子上或烤盘上。在端上餐桌前，撒上你提前准备好的黄豆粉、香蕉片或枫糖浆。

传统红豆米饭

8 人份，可作为配菜

红豆米饭是我最喜欢的日本庆典料理。这种餐品由糯米、白米以及红小豆混合制成，通常被用于生日、婚礼、纪念日和毕业典礼等庆祝活动。有些人认为吃红豆米饭可以获得好运。烹制红豆米饭的方法有很多，但在这道食谱中，（日本甜）糯米和日本白米实现了完美的结合。

1 量杯干制的红小豆　　　　　　3/4 茶匙海盐

1 量杯白大米　　　　　　　　　1 汤匙芝麻盐

2 量杯（甜 / 黏）日式糯米

用炉灶或电饭煲做饭时，如何确定用水量？

如果使用炉灶煮饭：将 1 量杯大米与 2½ 量杯水混合，盖上锅盖，开中低火，文火慢煮约 20 至 25 分钟。

如果使用电饭煲做饭：按照电饭煲的说明书，找准 5 量杯的刻度，烹煮 45 分钟；最好用中号或大号的电饭煲。（更多内容可参见第94页。）

使用小漏勺或者过滤器，将红小豆冲洗干净，然后沥干。

将红小豆放入中号或大号的锅中，加入 3½ 量杯水，并将其煮沸。

降至中低火，再烹煮 20 至 25 分钟。

25 分钟后，豆子只有七到八分熟。关火。将锅从火源上拿走，并盖上盖子，让豆子和汤液冷却至室温温度。

用一只中等大小的碗，彻底清洗并沥干白大米与甜糯米（详见下方的备注栏）。

将两种米放入灶台上的锅或电饭煲中，然后轻轻地倒入做好的红小豆以及预留的汤汁，再放入海盐。

快速搅拌混合物，将盐、液体和豆子搅拌均匀。

当米饭彻底煮熟后，将其分装进各个碗中，顶部撒上芝麻盐，就可以端上桌了，然后尽情享用吧！请注意，甜糯米是额外增加的食材，而品尝这个配方做出来的食物真的是我童年最惬意的体验之一。

将剩饭储存好，可以用来制作十分美味的红豆米饭团（详见第 127 页）。另外，我很喜欢在这种米饭上浇点酱油，然后放上牛油果薄片。

淘米

妈妈总是教我，要在做饭前把米洗干净。淘洗大米不仅可以清除污垢和沙砾，还可以处理掉大米中多余的淀粉，从而为烹制米饭做好准备。如果想要将大米洗净，只需将其放入大碗或电饭煲中即可。将冷水倒入碗中，水量要足以覆盖大米。用干净的双手翻搅米粒。你可能会注意到淘米水渐渐变得略微混浊，这是因为米粒中的淀粉被洗掉了。然后用冷水冲洗，小心地将所有的水沥出。再重复一遍这一过程。

红豆米饭团

成品量取决于你目前有多少剩饭

这个食谱真的会让我开心，使我感到自己仿佛重返童年。红豆米饭团制作简单，可以将其当作外带午餐，而且，它用你现有的美味红豆剩饭就能做好。妈妈建议我制作一个小饭团（就像传统的椭圆形寿司"握り寿司"一样，上面放鱼片），并用一条薄薄的紫菜包裹饭团。

海盐
紫菜方片或紫菜条

剩下的红豆米饭（做法详见第125页）

在一只大碗里装上⅓量杯温水和少许的盐。用这碗水，沾湿干净的双手。

拿出之前剩下的红豆米饭，将⅓量杯冷却的米饭放到手掌中，然后将其塑造成三角形状、圆盘状或球状。用力按压，使米饭成形。

需要的话，可以用一些紫菜条来包裹饭团。继续制作饭团，直到用掉所有剩米饭！

可以立即食用饭团，也可以用保鲜膜包裹饭团，或者将其存放于可重复使用的容器中，并用羊皮纸分隔饭团。搭配一点酱油，尽情享用吧！

辣味噌、生姜、豆薯、玉米 + 甘蓝碎叶沙拉

2 人份，作为正餐

这是一道超极干净的沙拉，口感清爽——我喜欢用牛油果、玉米以及红豆混合制成的新鲜酥脆的豆薯。这道菜品富含蛋白质，是完美的运动后餐食，也可作午餐，让你元气满满地度过整个下午。

味噌 - 生姜汁料

3 汤匙有机味噌酱

1 茶匙磨碎的新鲜生姜

1/2 茶匙蜂蜜或纯枫糖浆

3 汤匙米醋

2 汤匙烤制芝麻油

1 到 2 汤匙是拉差辣椒酱

沙拉原料

1 束羽衣甘蓝，去除茎部、切碎并进行搓摩（直到其略显蔫萎即可）

1 量杯煮熟并冷却的藜麦（约 1/3 杯生藜麦）

1 颗白玉米，剥下玉米粒

1/2 量杯煮熟的红小豆

1 颗较大的豆薯或萝卜，切成火柴棒大小

1 个牛油果，对半切开，去核，再切成小方块

如需要，可准备咸豆腐（详见第 162 页）

在大号搅拌碗中，放入味噌 - 生姜汁料，搅拌均匀。

倒入羽衣甘蓝搅拌。之后加入其余沙拉原料，轻轻搅匀。

如需要，再放入咸豆腐，即可食用。

味噌羽衣甘蓝凯撒沙拉

2 人份，作为主食；4 人份，作为配菜

这道沙拉肯定会改变你对基础款凯撒沙拉的看法。有了芝麻酱、味噌酱、一抹淡淡的甜味以及米醋的味道，鲜味爱好者梦想中的这款沙拉以完美的方式为西方的经典沙拉做法带来了一丝新意。

味噌凯撒沙拉调味料

¼ 量杯芝麻酱

¼ 量杯有机赤色味噌酱或淡色味噌酱

¼ 量杯米醋

1 茶匙蜂蜜或纯枫糖浆

沙拉原料

1 大束羽衣甘蓝，去除茎部，将叶片切碎并充分搓摩（用干净的双手，搓摩羽衣甘蓝 5 分钟至其略显蔫萎即可）

1 颗白玉米，剥下玉米粒（大约需要 ½ 量杯玉米粒）

½ 个萝卜，去皮，对半切开，然后切成

半月形薄片（大约需要 2 量杯）

2 个牛油果，对半切开，去核，去皮，然后切成约 1.9 厘米见方的小方块

2 汤匙芝麻盐或麻籽

紫菜盐或紫菜类蔬菜（可选）

在中号碗中将所有食材搅拌到一起，直到它们充分混合。加入切碎的羽衣甘蓝、白玉米粒和萝卜，再次搅拌，使它们和调味料充分混合。

在端上桌之前，将沙拉盛入每个人的碗中，顶部放上准备好的牛油果小块。如有需要，还可以撒上烤芝麻籽或麻籽，以及紫菜盐或紫菜类蔬菜。

姜黄羽衣甘蓝炒饭

4 人份

妈妈经常会给我们做这种简单的炒饭，特别是在家里有剩白米饭的时候。只需要放入姜黄粉（或者咖喱粉）就能立即让平淡无奇的剩米饭变成一道完全不同的餐品。

2 量杯生糙米（或你所选择的谷物）

2 汤匙烤芝麻油

½ 个较大的黄洋葱，切碎

2 瓣蒜瓣，切碎

2 根胡萝卜，切碎

3 根大葱，斜着切成薄片

3 汤匙低钠酱油

1 汤匙姜黄粉

1 量杯约 1.9 厘米见方的咸豆腐块

1 量杯切碎的羽衣甘蓝或菜心

芝麻盐，用于调味（可选）

在一口中号炖锅中放入糙米或其他谷物，加入适量的水煮沸。调小火煨煮 25 到 30 分钟，直到米饭变软。滤出水分，用叉子翻搅米饭，然后静置冷却。

在中号炒锅中，开中火热油。加入黄洋葱翻炒约 8 分钟，至食材呈半透明状即可。加入大蒜继续翻炒，直到其散发香味。加入胡萝卜，继续炒约 2 分钟。倒入酱油搅拌，直到其开始蒸发，这一过程大约需要 2 分钟。

从准备好的大葱中拿一半放进去，再炒 3 分钟，或到食材已完全炒熟即可。撒上姜黄粉。加入熟米饭或谷物，翻炒到它们已经完全温热。放入豆腐，使之变得温热。放入切碎的羽衣甘蓝或菜心，然后进行翻搅，将其与其他食材拌在一起，并迅速加热。

　　随后将剩下的另一半葱撒在饭上，如有需要，还可以撒一些芝麻盐，然后就可以立即享用了。

日式炒面

3 人份

忙碌时，妈妈会做这道快餐，让大家饱餐一顿。尽情放入你剩余的食材，烹制属于你的炒面吧！

2 汤匙烤芝麻油

1/2 个黄洋葱，切丁

2 个蒜瓣，切碎

2 量杯切成薄片的香菇盖

3 量杯新鲜的日式炒面（可以在日本食品市场购买）

2 量杯切碎的羽衣甘蓝

1 1/2 茶匙烤芝麻籽

炒面酱汁

2 汤匙低钠酱油

3 汤匙米醋

1 汤匙番茄酱（或辣椒酱）

1/4 量杯素食款伍斯特沙司 [1]

1/4 量杯纯净水

在中号炒锅中开中火热油。放入洋葱翻炒约 5 分钟，偶尔搅拌一下。加入大蒜，再炒 2 分钟，直到香味四溢。放入蘑菇，炒 2 到 3 分钟，搅拌均匀。

将日式炒面酱汁原料倒入锅中，搅拌均匀。放入新鲜的日式炒面翻炒，使所有面条沾上酱汁，直到水分蒸发。

加入切碎的羽衣甘蓝，翻炒至其稍蔫、沾上酱汁。将面条分盛，在每碗面上撒半茶匙芝麻籽。

---

[1] 译注：英国伍斯特市产的沙司，用葱、蒜、香料、胡椒等熬煮，加糖、盐、白醋等制成。

鹿尾菜 + 牛油果绿蔬沙拉

2 人份，作为主食；3 到 4 人份，作为配菜

这道新鲜饱腹的菜品是我的最爱之一。如果你没有吃过鹿尾菜，这道菜很适合作为入门级尝试菜品。其中调味料制作简单，只有三种原料，即使在冰箱里保存一整夜，口感依旧很好——所以可在前一天晚上烹制，当作第二天的午餐。

1¼ 量杯外加 1 汤匙干制鹿尾菜

¾ 量杯水

3 量杯煮熟的藜麦

1 个约 425 克的红小豆罐头，冲洗干净并沥干水分

2 量杯包装好的芝麻菜或切碎的羽衣甘蓝

2 个熟的牛油果，去核，去皮，切成约 1.3 厘米见方的小方块

调味料

3 汤匙低钠酱油

2 汤匙烤制芝麻油

¼ 量杯 +2 汤匙米醋，或未加工和过滤的苹果醋

在中号碗里泡开干制鹿尾菜，此过程大约需要 15 分钟，随后滤干水分。

在大号碗里，将酱油、醋和食用油搅拌在一起。放入调制好的鹿尾菜、熟藜麦、红豆以及芝麻菜，将它们与调味料混合均匀。在菜品顶部放上小块牛油果，待其温度与室温相同，即可立即食用。

辣芝麻酱 + 牛油果荞麦面

4 人份

如果要以健康的方式摄入碳水化合物，补充脂肪，同时食用各种营养丰富的绿色蔬菜的话，这道主食级别的面条沙拉就是我的最爱之一。

芝麻酱 - 味噌酱调味料

1/4 量杯芝麻酱

1/4 量杯 +1 汤匙米醋

3 1/2 汤匙有机赤色味噌酱

1 到 2 汤匙辣椒酱（取决于你想要怎样的辣度）

面条沙拉原料

227~269 克干制荞麦面

1 量杯豆薯细条

2 量杯嫩菠菜

1 个牛油果，去核，削皮，切成薄片

2 汤匙芝麻盐，需要的话可以加更多

在中号炖锅里，按面条包装上的指示，沸水烹煮荞麦面。

制作调味料：在大碗里放入芝麻酱、味噌酱、米醋以及辣椒酱，充分搅拌。

将煮熟的面条沥干，用冷水冲洗，随后放置于漏勺或过滤器中。（小提示：为了防止面条粘连，可用冷水冲洗并进行揉搓，以洗掉多余的淀粉。）

将已经沥干水分并冷却的荞麦面放入调料碗，然后搅拌。

放入豆薯和嫩菠菜，充分搅拌。在面条顶部放牛油果薄片，并撒上芝麻盐。

用餐钳将面条卷曲，然后分盛到碗中。

甘蓝牛油果荞麦面便当盒

4 人份

便当是我最喜欢的日本特色食品之一，而且这些小小的午餐盒既有趣又美味，能让孩子们对健康饮食提起兴趣。在日本各地的百货商店和火车站都能找到传统的便当。妈妈和我一到日本，就沉迷于吃便当了。

2 汤匙烤制芝麻油

2 量杯切成薄片的香菇盖

1 汤匙低钠酱油

170~283 克荞麦面条

4 量杯切碎的羽衣甘蓝

1 杯有机毛豆，煮熟并去壳

1 个牛油果，对半切开，去核，切成薄片

2 量杯芝麻菜

1 至 2 茶匙烤芝麻籽

味噌 - 生姜调味料

3 汤匙有机赤色味噌酱

1/3 量杯米醋或未精炼和过滤的苹果醋

2 汤匙烤制芝麻油

1 汤匙磨碎的生姜或 1 汤匙生姜粉

2 汤匙蜂蜜或纯枫糖浆

用大号炒锅，开中火，加热食用油。

放入蘑菇，然后翻炒，直到食材散发香味，这一过程大约需要 6 分钟。倒入酱油，然后继续炒到其中水分蒸发，随后将蘑菇放在一边。

按照包装上的指示，用一口中等大小的炖锅煮熟荞麦面条。然后把面条中的水分滤干，并用凉水清洗面条，然后放在一边。

制作调味料：在较大的碗中将醋、食用油、生姜以及蜂蜜搅拌均匀。

放入羽衣甘蓝充分搅拌。放入沥干的荞麦面条、毛豆和蘑菇，轻轻搅拌均匀。随后给菜品顶端放上牛油果薄片、芝麻菜，还有芝麻籽。现在可以开始尽情打造创意便当盒了。

味噌烤红薯 + 羽衣甘蓝沙拉

2 人份

这道丰盛美味的沙拉是用味噌烤红薯、羽衣甘蓝、富含蛋白质的藜麦和脆脆的黄瓜制成的。我喜欢这种可口的橙味味噌调味料，它与红薯的味道相得益彰。你学会这道菜的做法之后会时常烹制它的，因为它是一个制作简单、毫不麻烦的晚餐之选。

沙拉原料

大约 1/2 量杯生藜麦

1 束羽衣甘蓝，切碎

1 个波斯黄瓜或日本黄瓜，切成半月形薄片

红薯配料

椰子油烹饪喷雾

2 个较大的红薯或甘薯

2 汤匙有机赤色味噌酱

1 汤匙味霖

2 汤匙未提炼的椰子油，需为熔化状态

芝麻盐

橙味味噌调味料

1 茶匙精细磨碎的橙子皮

1/4 量杯鲜榨橙汁

1 汤匙低钠酱油

2 汤匙有机淡色味噌酱

2 汤匙米醋

2 汤匙味霖

首先制作红薯，将烤箱预热到 176.7 摄氏度，在烤盘上放上烤箱纸或铝箔，然后给纸喷上烹饪喷雾。

用中号炖锅将藜麦煮至微微欠熟的状态，关火，然后放在一边。

用一把比较锋利的刀将红薯切成 2.54 厘米见方的小方块（注意不要切得太小，因为它们会在烘烤的过程中收缩）。

将切好的红薯小方块、味噌酱、味霖还有椰子油混合在一起，放在准备好的烤盘上，然后搅拌均匀，使食材沾上调味料。

将红薯烘烤 38 到 40 分钟，在烘烤到一半时要翻面，以确保烘烤程度均匀。

同时，开始制作调味料：用一只较大的碗，将调味料的食材搅拌在一起，使它们充分混合。

放入藜麦、切碎的羽衣甘蓝还有黄瓜，然后进行搅拌，使它们与调味料充分混合。

把藜麦和羽衣甘蓝沙拉放在你最喜欢的碗中，或者放在一只较大的盘子上，然后，在烤红薯的上面撒上芝麻盐。可以开动了！

大 碗 盖 饭

味噌牛油果蘑菇饭

2 人份，作为主食；4 人份，作为配菜

写这道食谱时，我想到了秋冬时光，那时我经常做速成谷物类餐饭，以此激励自己。这道餐品用时很短，你也可以加入自己喜欢的绿色蔬菜、谷物或其他调味料。

沙拉配料

2 汤匙烤芝麻油或特级初榨橄榄油

6 量杯切成薄片的混合菇类：香菇、舞茸、本占地菇或其他你喜欢的菇类

1 汤匙低钠酱油

4 量杯煮熟的谷物：可自选糙米、青嫩未熟的麦粒、法老小麦或藜麦

1 汤匙味霖

4 量杯已经煮熟的蔬菜，比如芝麻菜或切碎的羽衣甘蓝叶片（为烹制沙拉预留 3 量杯，余下 1 量杯当作作料）

1 个熟的牛油果，去核，削皮，切成薄片

2 茶匙碾碎的芝麻盐，作为配料

奶油状味噌 - 芝麻酱调味料

2 汤匙有机味噌酱

1/4 量杯 +2 汤匙米醋

3 汤匙芝麻酱

在大号炒锅中用中火加热芝麻油或特级初榨橄榄油。放入蘑菇炒至微黄，此过程约 3 到 4 分钟。倒入酱油翻炒，随后用味霖收汁。关火。

用较大的碗将配料搅拌均匀，用作调味料。放入蘑菇以及 3 量杯绿色蔬菜，轻轻翻搅，使食材都裹上调味料。

在成品顶部放上牛油果片、剩余的一量杯绿色蔬菜以及芝麻盐碎屑。

烤南瓜饭

4 人份

如果你还没有试过做烤南瓜，那么这道食谱是完美之选，你会喜欢上南瓜的丰富口感。其中，酱油、生姜混合的调味料，也让咸味、酸味、甜味达了到完美的平衡。

4 量杯保留外皮的南瓜块

2 个中等大小的甘薯，不剥皮，切成小块

4 汤匙特级初榨橄榄油

2 量杯煮熟的糙米（最好是剩饭）

2 量杯芝麻菜、切碎的菠菜或者羽衣甘蓝

从商店购买一包约 170 克的咸豆腐，如 Wildwood 品牌，切成约 1.9 厘米见方的立方体或自制约 170 克的咸豆腐（做法详见第 162 页）

酱油 - 生姜调味料

1/3 量杯米醋

2 汤匙烤制芝麻油

2 汤匙低钠酱油

1 汤匙磨碎的新鲜生姜

1/2 茶匙蜂蜜或纯枫糖浆

2 量杯芝麻菜、切碎的菠菜或者羽衣甘蓝

将烤箱预热到 190 摄氏度。在较大的烤盘或两只小烤盘里铺上一层铝箔。

将南瓜和甘薯放入烤盘，与 2 汤匙特级初榨橄榄油搅拌。将处理好的食材放入烤箱烘烤。烤甘薯的时间为 35 到 40 分钟，烤南瓜用时 40 到 45 分钟。中途要小心地翻面一次。

然后将食材从烤箱中取出。

制作调味料：将醋、烤制芝麻油、酱油、生姜、蜂蜜在碗中搅拌均匀。

放入煮熟的糙米、绿色蔬菜、烤南瓜以及小块甘薯，搅拌均匀。

随后轻轻地加入小方块状的豆腐，轻轻搅拌。

牛油果荞麦面蔬菜饭

3 人份

在我成长的过程中，荞麦面一直是我家的主食。妈妈告诉姐姐和我荞麦面条会让我们身体强壮。荞麦面能够提供蛋白质、益生菌和优质碳水化合物，会让你更有活力。

约 170 克荞麦面条

½ 量杯半月形的黄瓜薄片

4 量杯撕开的红叶生菜

½ 个牛油果，去核，去皮，切成薄片

烤芝麻籽（作为配菜）

赤色味噌酱 - 生姜调味料

2 汤匙赤色味噌酱

⅓ 量杯米醋或未精炼过滤的苹果醋

1 汤匙烤芝麻籽

2 茶匙切碎的新鲜生姜

1 茶匙蜂蜜或纯枫糖浆

少许烤芝麻油（可选）

荷包蛋，烤紫菜条（作为配料，可选）

　　按照包装上的指示，在炖锅中烹煮荞麦面条。随后沥干面条，并用冷水冲洗。

　　将赤色味噌酱、米醋、芝麻籽、生姜以及蜂蜜在碗中搅拌均匀，如有需要，还可加一点烤制芝麻油。放入沥干的荞麦面条、黄瓜薄片以及撕好的红叶生菜，轻轻搅拌均匀。

　　用筷子使面条卷曲再盛装，在面条顶部放牛油果薄片、芝麻籽。

日式冷面

4 人份

妈妈总能给我惊喜，她总有许多新的食谱要与我分享。当我回到加利福尼亚的家时，她会不遗余力地烹制我最喜欢的食物。某年夏天，天气格外炎热，她给我和爸爸做了日式冷面。作为一道凉菜，这种冷面清爽、简单、口感丰富而且十分美味。我一直都很爱吃它，希望你也一样！

227~255 克挂面、新鲜拉面或者中式黄面条（也可以试试意大利面！）

3 量杯红叶生菜，切丝

½ 个较大的黄瓜或 2 个较小的黄瓜切丝（大约需要 1¼ 量杯）

1 个西红柿，切丝（大约需要 3/4 量杯）

1 个牛油果，去核，去皮，切成薄片

1 根大葱，斜着切成薄片，用于装饰（可选）

芝麻，用于装饰（可选）

玉子烧（日式煎蛋卷）

2 个较大的鸡蛋，充分搅匀

1 茶匙烤制芝麻油

如有需要，准备 1 汤匙高汤或酱油

冷面酱料

¼ 量杯低钠酱油

2 汤匙烤芝麻油

1 汤匙烤芝麻籽

1 茶匙七味粉

2½ 茶匙磨碎的新鲜生姜

1 茶匙蜂蜜或纯枫糖浆

3 汤匙米醋

往中号汤锅中加入大量的水，将水煮沸。按照包装上的指示，放入面条，进行烹煮。随后用漏勺沥干面条，并在冷水下冲洗，然后将面条放在一旁。

制作玉子烧：在不粘锅中，开中低火加热芝麻油。倒入打好的鸡蛋，静置 3 到 4 分钟。然后用筷子或者小锅铲，把呈薄煎饼状的鸡蛋折叠起来，大致流程和制作传统煎蛋卷相同。让煎蛋卷冷却 1 到 2 分钟，然后将其切成细细的条状。

制作酱料：将制作冷面酱料的所有食材放入一只大碗中，搅拌均匀。随后放入面条与生菜，轻轻搅拌，使它们沾上调味料。

用餐钳将沾上酱料的面条和生菜夹入准备好的碗中，然后在每碗面的顶部放上黄瓜薄片、西红柿、玉子烧以及牛油果。如果你喜欢的话，还可以加一点大葱和烤制芝麻籽，作为装饰。

关于玉子烧

想要做出美味的煎蛋卷，方法并不唯一，这个道理和烹饪法国料理一样。每位日本厨师做玉子烧的方法都会有所不同。有的厨师喜欢加高汤、糖或者味霖，有的喜欢放一点酱油。我鼓励大家多多尝试，找到自己最喜欢的组合——并不存在固定的规则。

烤胡萝卜+牛油果饭，
搭配味噌胡萝卜汁料

4 人份

在测试并研究菜谱多年后，我对于烘烤胡萝卜产生了新的热情。此前，我对于胡萝卜从未如此狂热，但在放入咖喱粉和椰子油之后，我发现自己完全无法抗拒这种蔬菜的诱惑了。与味噌酱、牛油果和藜麦混合之后，它会变得更好吃。

谷物饭

2 汤匙未精炼的初榨椰子油，熔化状态

2 汤匙有机赤色或淡色味噌酱

2 茶匙咖喱粉

6 根胡萝卜，斜着切成 2.54 厘米见方的小片

2 汤匙芝麻盐，用于调味

6 量杯煮熟的藜麦、糙米、法老小麦（或你喜欢的谷物）

1 个熟的牛油果，去核，去皮，切成 2.54 厘米见方的小方块

2 量杯切碎的红叶生菜

1 量杯剩下的烤蔬菜（可选）

味噌胡萝卜汁料（制作 1½ 量杯左右的量即可）

3 根中等大小的胡萝卜，切成大约 1.27 厘米宽的小片

2 汤匙大致切碎的黄洋葱

3 汤匙有机味噌酱

1 汤匙烤芝麻油

2 汤匙未精炼的初榨椰子油或特级初榨橄榄油

½ 量杯米醋

2 汤匙水

将烤箱预热到 190 摄氏度。在烤盘上铺一层铝箔，喷上不粘烹饪喷雾。

在一只中等大小的碗中，将椰子油、味噌酱以及咖喱粉搅拌在一起，然后放入切成块状的胡萝卜，并且充分搅拌，使萝卜沾上酱料。将沾上咖喱粉的胡萝卜挪到准备好的烤盘上，烘烤 25 分钟左右，或到胡萝卜烤熟、外皮稍显金黄即可。从烤箱中取出胡萝卜。

在烘烤胡萝卜的同时，开始制作汁料。将烹制汁料所需食材放入高功率搅拌机中，并搅拌至均匀。可以根据需要加水。

准备好四中碗，在每只碗中放入 1½ 量杯的藜麦。在每碗饭上放置同样数量的牛油果小方块、烤过的胡萝卜以及红叶生菜，如果有现成的烤剩的蔬菜，也可以放在上面。

在每碗米饭上加 2 汤匙汁料，也可根据你的喜好加量，然后撒上芝麻盐，在食物温度与室温相同时食用，也可以趁热吃。

味噌南瓜 + 胡萝卜糙米饭

可供装 2 大碗或 3 小碗

烤南瓜和根类蔬菜仿佛有一种魔力——它们富含淀粉、甜味质朴，在这道菜里，又会与咸豆腐以及糙米混合在一起。这里给出的配方达到了完美的平衡，它用到了简单的味噌腌料，你也可以将其替换成自己喜欢的自制调味料，并搭配一些新鲜的绿色蔬菜。

味噌腌料

2 汤匙烤芝麻油

2 汤匙有机赤色味噌酱

2 汤匙米醋

1/2 茶匙蜂蜜或纯枫糖浆

3 量杯剩余的熟糙米（可将其与甜米饭混合，以保留米饭中的水分）

4 根有机胡萝卜，斜着切成约 3.8 厘米长的小片（需要 2 量杯左右）

2 量杯约 3.8 厘米见方的未削皮的南瓜小方块

配菜

2 量杯新鲜的绿色蔬菜（可选芝麻菜、切碎的羽衣甘蓝、水菜或红叶生菜）

1 个牛油果，去核，去皮，切成 2.54 厘米见方的小方块

2 茶匙芝麻盐或烤芝麻籽

1 块有机咸豆腐，排掉水分，拍干，切成约 1.9 厘米见方的小方块（大约需要 2 量杯，可选）

将烤箱预热到约 190 摄氏度，在烤盘里铺上一层铝箔或烤箱纸。

将制作味噌腌料所需食材放入碗中，搅拌均匀。

把胡萝卜和南瓜加入腌料中，放置 20 分钟左右。

随后将腌制好的胡萝卜和南瓜均匀地铺到烤盘上，置于烤箱的中层，烘烤 30 到 35 分钟。然后取出，略加冷却。

将糙米放到碗中，并在每个碗中均匀地放入烤蔬菜。

最后，在每碗饭的顶部放上绿色蔬菜、牛油果小方块以及少许磨碎的烤芝麻籽。如果准备了豆腐的话，也可以放在上面。

基本菜式

咸豆腐

4 人份

我喜欢豆腐的原因之一是它会吸收其他配菜的味道。这道食谱能够做出微微调了味的咸豆腐，你可以把它加到几乎任何菜品中。

不粘锅的橄榄油或椰子油烹饪喷雾　　　　1/4 量杯低钠酱油

2 汤匙味霖　　　　　　　　　　　　　　1/4 量杯米醋

2 到 3 瓣大蒜，切碎　　　　　　　　　　一包约 397 克装的有机老豆腐

将烤箱预热至约 190 摄氏度，铺上一层铝箔，并薄薄地喷一层烹饪喷雾。

将低钠酱油、米醋、味霖和切碎的蒜瓣放入一只中号碗中，混合到一起，放在一旁。

取出豆腐块，沥干，并用纸巾吸出多余水分。将豆腐切成两半，然后再切成 8 块，每块约 49.6 克。将这些豆腐块放入你的腌料中，盖上盖子，放入冰箱，腌制 15 分钟。然后翻动豆腐块，再腌 15 分钟。

将腌好的豆腐块均匀放在准备好的烤盘上。烘焙 20 分钟后，将豆腐从烤箱中取出，放在一边，然后准备其他餐食。

日式南瓜煮

4 人份

在日本的传统文化中，任何用来搭配米饭的菜肴都可以被称作"お菜"（有时写作"おかず"）。"煮付け"则泛指炖菜，其中各种食材的味道可以完美地融合，另外，作为传统菜肴，这道菜也很容易烹制。

1 个中等大小的未削皮的南瓜

1/4 量杯味霖

1 量杯水

1 茶匙有机糖

1/4 量杯 +1 汤匙低钠酱油

用于调味的辣椒酱（可选）

保留南瓜外皮，切成两半后去掉南瓜籽。随后将南瓜切成四块，再切成 2.54 厘米见方的小方块，放在一旁。

在大号汤锅中（锅底必须要大）放入水、酱油、米酒还有糖，开中低火煮至接近沸腾的状态。

将南瓜小块加入沸腾的汤中进行搅拌，再煨炖约 15 分钟，或到南瓜熟透了即可。立即将南瓜从锅中取出，因为它继续留在汤液里会变软成糊状。

这道菜品可作配菜，也可与蒸糙米饭搭配食用，再辅以绿色蔬菜，还可以加一点辣椒酱。

寿司三明治

可供制作 6 个寿司三明治

如果你的生活节奏快，需要带午餐或小吃，而你又不想吃得太甜，这种寿司三明治就是完美之选。我最喜欢在公园里或旅途中吃蔬菜寿司。你可以把任何食材放入其中，无论是牛油果还是红薯，或是腌萝卜和菠菜，都能和它成为完美搭档。但一定要在烹制当天吃掉，否则紫菜会在几小时后变软。

2 量杯煮熟的米饭（调过味的寿司米饭或普通蒸米饭）

紫菜片

2 个红薯，切成小楔子状，并涂上 1 汤匙椰子油进行烘烤

1 个牛油果，去核，去皮，切成薄片

1 量杯切成薄片的紫甘蓝（或腌白菜）

1 至 2 量杯嫩菠菜或你喜欢的其他绿色蔬菜

1 至 2 量杯撕碎的红叶生菜

辣椒酱，如果你需要的话

咖喱粉，只需撒上一点即可见证奇迹

首先制作调味寿司米饭（详细做法可参考第 169 页）。如果你喜欢未经调味的白米饭，可用盐水沾湿手指来捏米饭。

在案板上将紫菜片摊开，此时紫菜片呈菱形。加入 ⅓ 量杯左右的米饭，用力压到紫菜片中心位置。

将所选的配料放到米饭上，分三或四层，放配料时要留出约 1.27 厘米宽的米饭边缘。

用干净的双手放入最后一层寿司米饭。用喷雾瓶将水喷到米饭上，再将紫菜片的四个角向中心折叠，像折叠信封一样，如果紫菜不太听话，可以

再喷一点水。确保三明治已经裹紧。

　　随后翻转三明治，将其放入塑料保鲜膜中，然后像包三明治一样将它包起来（可参考第 165 页图片）。将三明治紧紧包在保鲜膜内，然后打包当作午餐，或直接将它切成两半，立即享用。美味极了！

辣味牛油果黄瓜寿司卷

4 人份；可供制作大约 10 个寿司卷或 60 片

辣味牛油果和脆嫩的黄瓜让这道餐品成为有自我特色的加州卷。在家自制寿司不仅省钱，也能随心所欲地做出自己喜欢的寿司。所以，尽情地对这个食谱进行个性化改造吧！

所需材料

寿司竹席

饭勺

纸扇

锋利的刀子

干净的湿毛巾

寿司相关食材

10 到 12 片紫菜，需经过烘烤

2 量杯未煮过的寿司米饭

寿司醋

1/4 量杯米醋

3 汤匙有机糖

2 茶匙海盐

辣味蛋黄酱

3 汤匙橄榄油蛋黄酱或素食蛋黄酱

3 汤匙辣椒酱

填充食材

2 个熟的牛油果，去核，去皮，纵向切成薄片

2 根中等大小的黄瓜，切成细条

1 根较大的胡萝卜或 2 根中等大小的胡萝卜，切成细丝状

2 量杯嫩菠菜叶

一到两包约 170 克装的有机咸豆腐（如 Wildwood 品牌；也可参照第 162 页自制咸豆腐），切成薄片

可选的调味料

低钠酱油，作为蘸料

柑橘酱，作为蘸料

辣椒酱

芝麻盐

制作寿司米饭：将大米洗净、沥干，按包装指示烹制寿司米饭，或量出 2 量杯的寿司米饭与 2¼ 量杯的水一起进行烹煮。在准备寿司醋的过程中，可以让米饭稍微冷却一会儿。

在大号碗中，将米醋、糖、盐混合均匀，使糖和盐溶解。

将稍微冷却的米饭挪到盛有寿司醋的碗中，用饭勺将寿司醋均匀地浇在米饭上，同时扇动纸扇，使米饭冷却。注意不要翻搅米饭，只需要将米饭切分为若干部分，直到所有的寿司醋都被吸收了为止。

制作辣味蛋黄酱：在中号碗中，将蛋黄酱和辣椒酱混合，搅拌均匀，放在一边。

开始卷寿司：当米饭余温尚存时，在案板或者工作台上，开始卷寿司。将竹席摊平在干净的案板上，在上面放一片紫菜，较为闪亮的一面朝下。

在紫菜片的中心位置铺一层 ⅓ 量杯左右的调味寿司米饭，周边与紫菜边缘要留有约 1.9 厘米宽的边界。在最靠近你的米饭底部，放上你所选择的

填充食材，并与紫菜片的底部保持平行；放 2 片牛油果薄片、2 条黄瓜细丝、2 条胡萝卜细丝以及少量菠菜叶，淋 2 茶匙辣味蛋黄酱。

用竹席将寿司卷成长卷，轻轻挤压使其收紧。随后铺开竹帘。

切割寿司卷：将寿司卷切成两半（每切一次，用干净的毛巾擦一下刀）。将切好的两半各切成三段等大的小寿司卷。

然后重复上述过程，直到用完所有的寿司米饭。

立即食用。可搭配清酒或者日本啤酒一起享用。

寿司卷

这里所说的寿司卷，是指经过切割的日本寿司卷。在冷藏技术发明之前，人们最初创造寿司，是为了用它来保存肉类和鱼类食品。最终，日本人开始用醋来改善食物的保存质量。随着时间的推移，现在寿司分为以下几种：

生鱼片寿司（将鱼肉置于米饭上）；

寿司卷（经过切割的寿司卷，包裹在海藻类蔬菜里）；

手卷寿司（可以手握，包裹在海藻类蔬菜里）。

寿司的种类不只这些，还有其他许多种类，比如稻荷寿司 [1]、里卷寿司 [2] 以及刺身寿司（就是将生鱼片放在米饭上），我从小就很爱吃这些寿司。

---

[1] 译注：其主要食材一般包括入味豆皮以及厚蛋烧等。
[2] 译注：一种将紫菜卷在米饭里的寿司。

辣味牛油果 + 咖喱胡萝卜手卷寿司

可供制成大约 18 个手卷寿司

我喜欢在手卷寿司里加一点咖喱粉或姜黄粉，这样可以让寿司多一份独特的味道。等你掌握了制作手卷寿司的基本方法，你可以依照自己的想象创造出很多的品类。这里所给出的混合口味会为你提供一个良好的开端！

手卷寿司食材

2 量杯未煮过的寿司米饭或糙米

1 包约 71 克装的萝卜苗

2 个牛油果，对半切开，去核，切成薄片

寿司醋

1/4 量杯的米醋

1 茶匙的海盐

3 汤匙的糖

咖喱味胡萝卜

4 根中等大小的胡萝卜，斜着切成薄片

2 汤匙未精炼的椰子油，呈熔化状态

4 到 6 量杯调味寿司米饭（详见第 169 页）

10 到 12 片紫菜，需经烘烤

1 汤匙咖喱粉

1/4 茶匙海盐

辣味牛油果填充食材

2 个熟的牛油果，去核，削皮，然后切
成薄片

2 量杯嫩菠菜

日式萝卜苗

辣椒酱，如有需要的话

芝麻盐（可选）

制作咖喱味胡萝卜：先将烤箱预热到约 190 摄氏度。

然后将胡萝卜放到烤盘上，淋上椰子油，随后撒上咖喱粉和海盐。搅
拌胡萝卜，使调味料涂抹均匀。然后烘烤胡萝卜，用时 30 分钟。之后，将
胡萝卜暂时放在一边，使其稍稍冷却。

彻底清洗寿司米饭并沥干。按照包装上的指示，准备并烹煮调味寿司
米饭，或用量杯量出 2 量杯寿司用米，与 2¼ 量杯水一起进行烹煮。在准备
寿司醋的过程中，可以让寿司米饭稍微冷却一下。

将制作寿司醋的所有食材放入一只较大的搅拌碗中，充分搅拌，使糖
和盐溶解。

将已经稍微冷却下来的米饭挪到盛有寿司醋的大碗中，用饭勺将寿司
醋浇在米饭上，同时扇动纸扇，使米饭冷却。注意一定不要翻搅米饭，只需
要将米饭切分为若干部分，直到所有的寿司醋都被吸收了为止。

将紫菜片对半折叠，然后将它们撕开，做成 20 到 24 张小片。准备好一
小碗水，水温与室温相同。

在一个干净的台面上，将紫菜片斜着平铺在自己面前（详见第 172 页图
示）。在紫菜片左下方的对角线范围内放置大约 ¼ 量杯的调味寿司米饭。然
后在米饭上方依次放上 2 到 4 个咖喱味胡萝卜片、牛油果片、萝卜苗（如图
中所示）以及各种调味料。围绕填充食材，紧紧地卷起紫菜，形成锥形（详
见图示），并用少量的水封住紫菜片的边缘接口。

梅子土豆泥

我有一个特别有创造力的表姐住在东京，她叫由纪子。她向我展示了如何制作最简单的梅子土豆泥。现在，这道菜已经成为我们家假日里的主食。我十分感谢她！

5 个较大的赤褐色或金黄色土豆，去皮并切成约 5 厘米见方的小方块

½ 量杯不加糖的杏仁奶

海盐（可选）

2 到 4 个腌制梅子（这取决于你想要成品味道如何：2 颗梅子会让成品味道微淡，4 颗则会让成品的味道更浓一些），去核

在一口较大的汤锅或者炖锅中，将土豆煮到稍微变软，可以用叉子试一下。小心地沥干土豆的水分，将其放回锅里。

使用土豆捣碎器，将土豆与腌制梅子放在一起捣碎，在捣碎的过程中，留意是否有果核（如果有，一定要把它们拿出来扔掉！）。倒入杏仁奶，充分搅拌，使食材中的所有味道融合在一起。需要的话，可以加一点盐调味。

日 式 点 心

抹　茶

　　在我很小的时候，妈妈就向我介绍过抹茶——大约就在那个时候，妈妈也向我介绍了寿司、拉面、乌冬面、日式泡菜、日式烤鸡肉串，还有日式煎饼。我甚至没有办法确定这些事到底发生在什么时候，因为当时我只是一个小孩子。但对我而言，抹茶是一种带有荣誉意味的款待，也是我们日本文化传统的一部分。发展到今天，抹茶已经成为一种真正的饮食潮流，也成为流行文化的一个标签。

　　十年前，当我去烹饪学校进修时，我用抹茶这种食材进行了很多实验，找到了不少方法，使抹茶与烤饼、煎饼以及其他烘焙食品相辅相成。从那时起，我开始认识到这种传统食材的多种功能。

　　许多年前，在日本的九州岛，妈妈将外祖母制作抹茶用的器具给了我和珍妮，其中包括她的茶筅 [1]。我的外祖母和她最年轻的妹妹，也就是我的小姨婆卓子，曾经师从日本九州岛的一位茶艺大师，研习茶艺的相关知识。当她们真正开始学习这些知识的时候，她们都已经五十岁左右了（在日本，有这样一句格言："50 の手習い、ごじゅうのてならい。"字面意思为"年过五十之后，开始学习一些自己真正需要的知识"，也可以理解为"老而好学"）。

　　许多年前，在她的家乡别府市，小姨婆带我跟随真正的茶艺大师学习制作抹茶的技术。每当搅打抹茶时，我都会用到我们家族的器具、实践传统

---

[1]　译注：用竹子制成，是一种洗涤茶具的刷帚。

的技艺，这让我感到荣幸。尽管抹茶可能已经在社交网络上成为一种流行文化，我还是和其他很多人一样，致力于保留这种传统文化的完整。关于我最喜欢的这种日式食物，下面是一些相关的小知识：

日本茶道仪式传统抹茶并不加糖。日本人很喜欢抹茶甜品，如抹茶薄饼、抹茶蛋糕、甚至抹茶巧克力。妈妈说，她对抹茶的最初印象就是宇治金时，这种刨冰甜品配有抹茶糖浆和甜味红豆，有时还会搭配抹茶冰激凌。

抹茶的西化已经把这种食物变成了甜点，但就传统而言，抹茶由两种食材制成：仪式级别的抹茶粉与接近沸腾的水。

制作抹茶：将水煮沸，稍冷却几分钟（约 80 摄氏度）。将筛过的抹茶粉放到干燥的茶碗里，加一点热水。运用茶筅，以 M 和 N 字形进行搅拌，打出泡沫。当出沫较多时，即可享用。

购买抹茶时，需要注意以下事项

寻找您所信赖的品牌，或日本认可的抹茶粉。我会购买伊藤园（Ito En）的 Matcha LOVE 品牌，它的食材来源可靠，均为日本绿茶。我目前正在开发自己的抹茶系列产品，即"坎迪斯的抹茶（matcha by candice）"。

网购时需确认品牌信誉良好并阅读购买者的评论，请记住，普通抹茶粉只含有粉末状的绿茶，不含糖分或甜味剂。

请检查生产日期，食材应尽可能新鲜。抹茶只能存放一年左右，可存放在阴凉避光处，或冷藏。使用时注意颜色是否为鲜绿色。

抹茶巧克力薄饼

4 人份；可供制作 10 到 12 块薄饼

我会为真心喜欢的人在早上烹制薄饼。这是我家里的主食之一，也是向别人传达心意的一种方式。试着给自己所爱的人一个惊喜吧。

干性食材

1½ 量杯无麸质烘焙面粉或普通面粉　　　　1½ 茶匙无铝泡打粉

2 汤匙抹茶粉

湿性食材

2 个较大的鸡蛋（可选）　　　　　　　　1 量杯不加糖的杏仁奶

2 汤匙糙米糖浆或有机糖　　　　　　　　¾ 量杯优质黑巧克力片

1¼ 到 1½ 根捣碎的熟香蕉　　　　　　　椰子油烹饪喷雾

1 茶匙有机香草精

调味料

黄豆粉（详见备注；可选）　　　　　　　新鲜水果（可选）

将面粉、抹茶粉和无铝泡打粉在一只大号碗中搅拌均匀。

在另一只中号碗里，将鸡蛋、糙米糖浆、香蕉、香草精以及杏仁奶搅拌均匀。把这些湿性食材放到干性食材中轻轻搅拌，使其充分混合。用橡皮刮刀拌入巧克力片。

在不粘锅上轻轻喷洒烹饪喷雾，开中火。¼ 量杯的面糊可制作 2 到 3 个薄饼，将面糊倒入锅里摊开，直到薄饼边缘变硬、底部金黄，此过程约需要 2 分钟。翻转薄饼，直到另一面也变得金黄，随后将薄饼盛出。重复上述步骤，直到食材用完。另外，还可以加一点黄豆粉和新鲜水果。

黄豆粉

黄豆粉是日本家庭里的必备食材。黄豆粉可以撒在丸子、糯米团子、冰激凌以及薄饼上，甚至可以拌进冰沙里。黄豆粉的独特之处正是在于那种质朴而浓郁的味道，它还富含植物蛋白、钙和铁。每当在食物上撒上黄豆粉，我就会想起童年时对热腾腾的新鲜丸子的喜爱。将 ½ 量杯左右的黄豆粉与 1 到 2 茶匙的有机糖混合，用密闭容器装好，放在冰箱中，可保存两个月。

抹茶巧克力曲奇

可供制成 18 到 20 个曲奇

在我的第一本书《非常美味》（*Pretty Delicious*）中，列出了人气很高的曲奇食谱，这里的做法是之前的升级创新版。这些曲奇中都包括了一种神秘食材：香蕉！特别提示：尽量不要在曲奇刚出炉时就急着把它们吃掉（那时曲奇还很硬），放到第二天味道会更好。

不粘锅的橄榄油或椰子油烹饪喷雾

¾ 量杯无麸质面粉

½ 茶匙无铝泡打粉

¼ 茶匙海盐

3 汤匙未精炼的椰子油，熔化状态

1 茶匙有机香草精

½ 量杯有机糖（或 5 滴甜菊糖）

1 个鸡蛋（如果需要做成素食，可以替换成 1 到 2 汤匙水）

1½ 根中等大小的熟香蕉，捣碎

1 汤匙抹茶粉

1 量杯有机燕麦片

1 量杯半糖巧克力片

将烤箱预热到约 163 摄氏度，在烤盘里铺一层铝箔，并轻喷一层烹饪喷雾。

将面粉、泡打粉以及盐在一只中号碗中搅拌均匀，暂放一旁。

在一只大碗里将椰子油、香草精以及糖（或甜菊糖）混合搅拌，然后放入鸡蛋（或水），搅拌均匀。

放入捣碎的香蕉，进行搅拌，直到食材充分混合。

将干性食材放到湿性食材中，搅拌均匀。用橡皮刮刀将燕麦片以及巧克力片拌入半成品中，撒上筛过的抹茶粉，拌匀。

将曲奇面团放入冰箱中，冷却大约 15 分钟。

每次用汤匙舀出一个直径约 3.8 厘米的面团放入烤盘，每个面团相隔 2.54 厘米。随后开始烘焙，直到食材顶端微黄，此过程需要 10 到 13 分钟。之后将成品放在烤盘上冷却。

红豆黑巧布朗尼

可供制作 12 到 16 块布朗尼

嘘，不要告诉别人！这些口感浓郁黏稠，又略带颓废气息的布朗尼里有一种秘密食材：红豆。

湿性食材

不粘锅的橄榄油或椰子油烹饪喷雾

1¼ 量杯煮熟的红豆（如果使用罐装红豆，则需要冲洗并排出水分）

2 个鸡蛋外加 1 个蛋黄

½ 量杯未精炼的椰子油，略微熔化

2 汤匙水，如果需要的话

⅓ 量杯有机砂糖或椰子糖

1 茶匙有机香草精

干性食材

1 量杯不含糖的黑可可粉

1 汤匙玉米淀粉

1 茶匙无铝泡打粉

¼ 茶匙海盐

1½ 量杯黑巧克力片

将烤箱预热到约 163 摄氏度。在方形烤盘上喷一层烹饪喷雾。

在一只大碗中，用叉子将红豆捣碎，放入鸡蛋、油、水、糖和香草精，搅拌均匀。在另一只中号碗里，将可可粉、玉米淀粉、泡打粉、盐混合，然后慢慢地将这些干性食材倒入湿性食材中。用橡皮刮刀将巧克力片轻轻拌入，直到所有食材融为一体。将准备好的面糊刮到预备好的烤盘中，并将面糊表面处理平滑。将食材放在烤箱的中层烘焙，直到布朗尼的边侧都变得固定，然后取出，整个过程需要 36 到 38 分钟。

抹茶椰子冰激凌

4 人份

这款不含乳制品的冰激凌是我最爱的甜品之一，尤其在炎炎夏日。这款冰激凌含抹茶以及一点有机香草精，味道醇厚甜美。我还喜欢放一点美味的配料，比如巧克力片、椰子、薄荷，又或者——什么都比不上——彩色糖屑！

1 汤匙优质抹茶粉

3 罐约 397 克装的全脂椰奶

1/4 量杯糙米糖浆或纯枫糖浆

2 汤匙优质伏特加

1 茶匙有机香草精

配料

天然彩色糖屑（可选）

黑巧克力片（可选）

新鲜薄荷（可选）

烤椰丝（可选）

　　将抹茶放入干燥的高功率搅拌器（如 Vitamix[1]），并倒入椰奶、糙米糖浆或枫糖浆、伏特加及香草精，高速搅拌至少 1 分钟。原料材质越接近奶油质感，冰激凌成品的质量就越好。

　　将食材混合物倒入冰激淋机，按说明指示搅拌，完成后可立即食用。

　　剩余的冰激凌可用密闭容器保存，冰箱冷冻可保存 3 周。

---

[1] 译注：即维他密斯破壁料理机。

抹茶冰激凌三明治

可供制作 4 个冰激凌三明治

作为一道夏日甜品，这种冰激凌三明治充满了怀旧气息。在家乡的时候，我会做一些三明治，在泳池边和朋友们共享——然后所有人都觉得自己仿佛重返孩提时代了。我强烈推荐你在下一次夏日派对的时候尝试一下这道点心！

8 个较大的抹茶巧克力曲奇（做法详见第 182 页）或味噌巧克力曲奇（做法详见第 198 页）

2 到 4 量杯抹茶冰激凌（做法详见第 186 页）

½ 量杯天然彩色糖屑

在一个干净的工作台上摆好 4 块曲奇。用较大的勺子或冰激凌舀勺，将冰激凌作为馅料放到每个"三明治"上，然后在顶部放上另一块曲奇。

将五颜六色的彩色糖屑放在一只较浅的盘子里，然后给露在三明治边缘的冰激凌撒上糖屑。如果你喜欢的话，也可以直接把它们撒在冰激淋夹层上。

立即将冰激凌三明治小心地包在塑料保鲜膜里，然后放入冰箱冷冻 20 到 30 分钟，使其定型。然后尽情享用吧！

抹茶黑巧司康饼

可供制作 8 到 12 个司康饼

这些精致美味的抹茶司康饼与浓醇的黑巧克力蘸料是绝妙搭配。在颜值超高的司康饼上的巧克力变干之前，你也可以随心所欲地在上面撒一些银白色的杏仁或烤好的椰丝。

司康饼原料

椰子油烹饪喷雾

2 量杯无麸质面粉，可以多准备一些，用于铺开面团

1 茶匙无铝烘焙小苏打

2 汤匙抹茶粉

1/4 茶匙海盐

1/2 量杯未精炼的椰子油，熔化状态

1 个较大的鸡蛋

1/2 量杯未加糖的苹果酱

1/4 量杯糙米糖浆

1 个较大的蛋黄，搅匀，用于涂蛋液

2 汤匙蔗糖 [1]（可选）

收尾用料

3/4 量杯黑巧克力片

银白色杏仁或烤椰丝（可选）

烤箱预热到约 177 摄氏度。给烤盘铺上一层铝箔，并喷一层烹饪喷雾。

在一只大碗里混合面粉、烘焙苏打、抹茶粉以及海盐。加入椰子油、鸡蛋、苹果酱以及糙米糖浆进行搅拌，直到食材形成一个面团。

在工作台上撒上面粉，手上沾面粉拿出面团并揉捏。将面团捏成 2.54 厘

---

[1] 译注：又称分离砂糖，turbinado sugar。

米厚的圆盘，然后把它切分成 8 到 12 个楔形小块（像切比萨一样）。

　　将半成品放入烤盘，刷上蛋液，还可以撒一些蔗糖。放入烤箱中层进行烘焙，直到其呈金黄色或淡棕色，烤透即可，此过程约 14 分钟，之后冷却。

　　用双层蒸锅将黑巧克力片熔化，将黑巧克力淋在司康饼上。定型后还可以再加其他配料。

黄豆粉团子

大约可供制作 15 个直径约 3.8 厘米的小团子

这种好吃且超有嚼劲的家庭餐点和你能买到的日式麻糬十分相似。其中用到的米粉和少许嫩豆腐让这种团子变得很软，你会喜欢上这款令人心满意足的甜点的！用一点黄豆粉来调味，在甜点新鲜出炉时立即食用为宜。

1/2 量杯有机嫩豆腐

1/2 量杯 +2 汤匙沸水

1 1/2 量杯 Mochiko 牌米粉

1/2 量杯黄豆粉

1 1/2 汤匙有机糖

将豆腐放入一只大碗中，开始搅打，直到豆腐被捣碎为止。将热水和米粉小心地倒入碗中，并且开始搅拌，直到所有食材混合在一起为止。然后将大碗放在一旁冷却。

在上述混合物冷却后，用干净的双手将食材混合物揉成一个柔软的面团。随后将面团分成许多个直径约 3.8 厘米的小面团。

用一口中等大小的锅将水煮至沸腾，小心地将先前揉好的面团放入沸水中，然后开始烹煮，直到它们浮于水面上。在小面团开始浮上来之后，继续烹煮 1 到 2 分钟。然后用漏勺将小面团捞出，抖掉多余水分，将小面团盛入碗中。

用一只小碗，把黄豆粉和糖进行混合。然后将黄豆粉和糖的混合物撒在面团上，如左页图所示，可立即食用。可以直接用手抓着吃，也可以用叉子叉着吃。

红薯姜黄枕形蛋糕

可供制作一个直径约 20 厘米的蛋糕

这种枕形蛋糕美味新鲜，再在上面涂一点黄油或苹果果酱，它就称得上完美的周末甜点了。在创作这道微甜的糕点时，我是想让大家的餐食中更多地用到姜黄粉——就像冲绳当地人一样！

椰子油或橄榄油烹饪喷雾

3 个较大的鸡蛋，搅打均匀

1/4 量杯有机糖

1/3 量杯未精炼的椰子油，熔化状态

3 汤匙淡椰奶

1 茶匙有机香草精

1/2 量杯罐装 100% 纯红薯泥

11/4 量杯米粉

3/4 茶匙肉桂粉

3/4 茶匙姜黄粉

1 茶匙无铝泡打粉

1/4 茶匙海盐

将烤箱预热至约 177 摄氏度。在一个 20 厘米 ×10 厘米大小的面包烤盘里喷一层烹饪喷雾。

在一只较大的碗里，把鸡蛋和糖搅拌在一起。倒入椰子油、淡椰奶、香草精和红薯泥，进行搅拌。然后慢慢地将米粉、肉桂粉、姜黄粉、泡打粉以及海盐拌入其中。

在上述食材完全混合后，将面糊倒入准备好的面包烤盘，烘烤 35 分钟左右，或直到蛋糕有弹性为止。使之冷却，并将成品分切成一口大小的薄片。可存放在密封容器中，保质期最长为 1 周。

椰子糯米方片

可供制成 18 片

小时候我们每年都会回日本参加盂兰盆节花祭庆典，那时我总在疯狂寻找这种表面撒着芝麻籽的糯米团子。现在我努力降低了这道点心的含糖量（其他甜品也一样），变得比以前更健康一些了。

椰子油或橄榄油烹饪喷雾

1/3 量杯有机糖

4 个较大的鸡蛋

1/2 量杯未精炼的椰子油，熔化状态

1 茶匙有机香草精

一罐约 382.7 克装的椰子汁

3 量杯 Mochiko 牌糯米粉

1 茶匙无铝泡打粉

调味料

1/2 量杯黄豆粉，与少许有机糖混合

无糖的烤制椰丝（可选）

将烤箱预热到约 177 摄氏度。在一个 23 厘米 × 33 厘米的烤盘上喷一层烹饪喷雾。

在一只中等大小的碗中，将糖、鸡蛋、椰子油、香草精以及椰奶放在一起搅拌。随后加入糯米粉和泡打粉，并用橡皮刮刀将二者拌入之前准备好的食材混合物中。把面糊刮入准备好的烤盘里。

烘烤 33 到 35 分钟，直到食材的顶部微微变得金黄即可，然后将成品放入盘状器皿中冷却。

在其略微冷却后，撒一些黄豆粉或椰丝调味。

味噌巧克力曲奇

可供制成 16 到 20 个曲奇

谈到咸味巧克力点心，我想分享这款曲奇的做法。过去我让朋友试吃时，每个人都追问："这种曲奇里到底有什么？！"真相令人惊讶：正是一点又甜又咸的味噌酱，让这些曲奇如此令人上瘾。

不粘锅的橄榄油或椰子油烹饪喷雾

1/3 量杯有机糖

1/2 量杯未精炼的椰子油，熔化状态

1/2 量杯有机赤色或淡色味噌酱（最好是低钠味噌酱）

1 茶匙有机香草精

2 个较大的鸡蛋

2 量杯无麸质面粉

1/2 茶匙烘焙苏打粉

1 量杯黑巧克力片

烤箱预热至约 163 摄氏度。在烤盘上铺一层铝箔，然后喷一层烹饪喷雾。

在一只中号碗里将糖和椰子油搅拌均匀，放入香草精、味噌酱，再加入鸡蛋，轻轻搅拌均匀。

用橡皮刮刀将面粉和烘焙苏打粉拌入，随后将巧克力片也搅拌进去。

使用小冰激凌舀勺，将曲奇半成品舀到烤盘上，每两个曲奇间保持间距。

烘烤 12 到 13 分钟。冷却后将曲奇存于密闭容器中，保质期最长为 1 周。

抹茶黑巧蛋糕

12 人份；可供制作一个直径 22 厘米左右的蛋糕

这种美观的素食蛋糕比我想象中更难做好。我尝试了好几个月，现在已经让它非常接近完美了。我在聚会上为别人做过这种蛋糕，所有人都想再吃一份！请记住，朱莉娅·查尔德 [2] 说过："如果一个派对上没有蛋糕，那它只能算是一次会议。"

蛋糕原料（如果想做双层蛋糕，就将这些食材的量翻倍）

椰子油烹调喷雾

1 根熟香蕉，捣成泥状

¾ 量杯有机糖

¾ 量杯未精炼的椰子油

1 茶匙有机香草精

1 量杯水

1 量杯杏仁粉

2½ 量杯无麸质面粉（用 Bob's Red Mill 牌面粉做出的成品效果最佳）

2 汤匙玉米淀粉

¼ 茶匙海盐

1 汤匙抹茶粉，需过筛

1 茶匙烘焙苏打粉

1 汤匙苹果醋

用于双层蛋糕的黑巧克力以及椰子糖霜（足够制作两个蛋糕）

½ 量杯 + 2 至 3 汤匙椰奶（罐装原料或饮料皆可），用量依你想要的浓稠度或光滑度而定

2¾ 量杯精制细砂糖，过筛

1½ 量杯无糖的黑可可粉，过筛

---

[1] 译注：Julia Child，美国著名厨师、作家以及电视节目主持人。

　　制作蛋糕：将烤箱预热至约 177 摄氏度。在直径约 20 厘米的圆形蛋糕烤盘上喷一层烹饪喷雾。也可将烤盘纸贴于底部，防止蛋糕粘在烤盘上。

　　将捣碎的香蕉、糖和椰子油放入一只中号碗中混合，加入香草精和水。

　　将无麸质面粉、杏仁粉、玉米淀粉和海盐放入一只小碗中搅拌，最后加入筛过的抹茶粉。用搅拌器使食材充分混合，但不要过度搅拌。加入烘焙苏打粉和苹果醋。

　　将制成的面糊倒入蛋糕烤盘，再放入烤箱底层，烘烤 26 分钟左右。

　　从烤箱中取出蛋糕，待其完全冷却后才能开始撒糖霜。

　　制作糖霜：在一只大碗里放入精制细砂糖、无糖的黑可可粉以及椰奶，开始搅打，直到食材变得蓬松且具备奶油质感。

　　制成的糖霜一半撒在冷却后的蛋糕上，剩余糖霜放入密闭容器里冷藏。

III

生　活　方　式

5

多 多 保 重

五

在我的孩提时代，每当我要离开家时，妈妈都会对我说："気をつけてね！"她通过这种方式让我知道，她以一种强而有力的方式关心着我。"気をつけて"在日本是一种非常常见的问候语，它有很多重含义："保重""善待自己"以及"集中注意力"。

在日本文化中，每当我们谈到"关心他人"这个话题时，我们总会用到这个表达方式。就像我妈妈曾经的习惯一样，妈妈常常对孩子说这句话。但我们在与他人分别时也会说这句话，尤其是当我们目送自己的亲朋好友或同事离开去开始一段新生活的时候。你对他们说出这句话，既是在祝愿他们未来一切顺利，也是在表示自己希望他们多多留意周边的环境。

我妈妈对我说这句话时，她其实是在说："集中注意力，昂首挺胸，抬起头来，控制好自己，坚强一点。"她对姐姐和我非常严格，但这些话的背后正是她严厉的关爱以及对我们的鼓励，这其实是她与我们沟通的一种方式，她通过这种方式告诉我们，我们有能力而且需要展现自我。

"気をつけて"并不是一句轻描淡写的空话，这句话必须带着真诚才可以讲出来。在日本度过的时日里，对我影响最深的事情之一就是人们日常交流中的真诚。无论你是在与自己的爱人说话，还是在与一个陌生人交流，日本人都能让你觉得自己是世界上最重要的那个人。这种生活经历给我带来的感受，和我在纽约与人交流时的感受截然不同。

　　你与这个世界进行交流的方式与你给他人带来的感受之间有很大的关系。真诚能让人们感觉良好，而且它无法通过伪装表现出来。练习待人真诚，是我们一生都要坚持的事情，而这件事也值得我们付出巨大的努力。

　　到现在为止，我发现的唯一培养真诚的方法就是花更多的时间静静地独处，并且进行内省。如果想要知道他人的感受如何，首先要更加明白自己现在的感受如何。过去，妈妈教会了我照顾好自己以及其他人的重要性，而那就是"気をつけて"这句话的核心内涵。

照顾好自己

　　请记住飞机上的那条规则：在帮助他人之前，请先系好自己的安全带。这句话可能听起来很自私，但请先听我把话说完。在我们能够帮助他人之前，我们必须先照顾好自己。很长时间以来，我把他人（比如朋友、男朋友，还有我的同事）的需求列为优先事项，却没有在自己身上投入同等的关怀。你是否也会有那么几天，感觉每个人都对你有需求？你仿佛一天二十四小时、一周七天都要与他人绑在一起，这种生活实在令人心力俱疲。我总会在某些日子里希望电子邮件这种东西根本不存在。

　　关爱我所喜爱的人会让我感觉良好，但如果不把同样的能量回报到自己身上的话，这个过程就会变得让人心力交瘁了。

　　"気をつけて"这句话时刻提醒着我，要关爱自己，要留意身边的环境，要昂首挺胸，要更加独立——这些都是妈妈曾经教给我的道理。在多年的写作生涯中，我一度十分专注于成就与完美。而我花了很长时间才意识到，我所追求的目标是错误的。那时，我真正需要的是关爱自己的精神以及身体。当我终于开始调转生活的航向时，生命中的一切的确开始变得更好了。我当时所创作的食谱达到了我的最佳水准，我的内心充满感激之情，我的作品也变得更有个人特色了。我与他人的人际交往也可以在更深的层次进行了。但当时，为了达成这一目标，我必须更多地练习对于自我的意识，我必须付出诸多注意力，必须将"気をつけて"这句话的核心内涵应用于自己的生活。

想要理解"気をつけて"这句话中所蕴含的理念，方法之一就是练习培养感激之情。即使在自己最艰难的时日里，我还是会提醒自己，找到三到五件值得感激的事情，而这个列表往往会像滚雪球一般，扩展到十至二十项。有时我会从简单的事实开始，比如说，我的身体很强壮，我的心脏正在怦怦跳动，我的思维还很活跃。我可以创造任何事物。我很感激在自己生命中出现的那些人，我也很感激正在朝我走来的那些机会。无论何时，当我专注于感激之情时，我所面临的问题仿佛都变得更容易解决了。我鼓励大家多多进行这种练习，因为它不仅会让你感激自己所拥有的好运，还能减轻自己的焦虑。

敢于清理自己的生活

过去，我用了数不胜数的时间来关爱自己的众多朋友，这些朋友各不相同。我曾经以为，就习惯而言，他们都会向我提供同等数量的友谊。但是许多年过后，我开始意识到，并不是每个人都会以同样的方式来关心我，也并不是每个人都会将同等数量的能量和同情心回报给我。

在开始花时间关爱自己之后，我能够更好地判断哪种关系对我的生活更为重要，以及哪种关系是我应当安心地放手的。当我怀揣着真诚，理解了自己的需求之后，我更清楚地意识到，每种人际交往给我带来的感受是怎样的。自我意识会使人具备自尊，而后，我开始在自己的空间以及自己的内心划定界限。如果你在并不那么重要的事情上少花一些能量，就可以对生活中新的事物、新的人、新的朋友还有新的人际关系敞开自己的心扉。这就是一道简单的数学题，当你在生活中的某一方面做了减法，才能在其他方面做加法。

在生活中，我们看似要与所有人都永远保持联系，但其实，人际关系是会进化的。正如我们生活中的其他部分会发生变化一样，我们生活中所接触到的人也会有所变化。对于友谊的考量方式很简单：这段友谊让你感觉如何？如果答案是"并不那么棒"，那么就清除掉它吧。

不要害怕对他人取消关注，也不要害怕放手，你要学会关爱自己。当你试着为自己的人生清理出一些空间时，你就会开始吸引真正适合自己社交圈的人了——那些真诚地关心你的健康与幸福的人。

相信自己

"気をつけて"所表达的另一部分理念是独立生活，并且相信自己所做的决定。在我刚刚开始自己的职业生涯的时候，很多人告诉我该怎样写作、该做出哪些行动、该穿什么衣服、该怎样烹饪、该与谁一起出去、该说些怎样的话。自然而然地，我受他们的影响，走上了别人为我铺就的道路。然而在我的内心深处，我明白，必须铺就一条属于自己的道路。

一位睿智的理疗师曾经告诉我："不要让你的外在形象与你真正的自我相差太大。"也就是说，你要确保你的行为以及你在外部世界的一举一动与你真正的信念是一致的。你的直觉会引导你走向正确的方向。一定要相信你自己。

我的父母身为移民，用他们严厉的爱将我养大，这一点让我很自豪。他们将自由、独立以及智慧像礼物般馈赠给了姐姐珍妮和我。是他们让我成为现在的自己。在纽约这座城市最寒冷的季节里，思念自己的父母时，我常常会把手放在心口。通过心脏的跳动，我感到自己正和父亲与母亲紧紧相连，然后我会对自己说一句"気をつけて"。无论你身在何处，就让这句话宽慰你、给你力量并让你安心吧。

专注于生活中好的事物

对我而言，自我关爱是一个长达一生的过程，而且并不容易。与许多女性一样，自青春期以来，我一直在与忧郁以及消沉进行斗争。总有一些时候，我们要挣扎着应对生活中的起起伏伏。当你身处人生低谷时，会很难搞清楚当下自己的精神和身体内正在发生什么。但是这些忧郁和消沉的情绪，也是自我的一部分。作为人类，这是正常情况。

当我可以给生活按下暂停键，然后回顾我人生中所得到的馈赠时，我就能从头脑中的消极思想循环里解脱出来。这也正是从精神层面练习"気をつけて"的方法。要注意你与他人交谈的方式，也要注意头脑中正在涌现怎样的想法。要像与最好的朋友交谈一样，与自己交谈，而且越多越好——要带着积极心态，带着爱心、带着理解来交谈。要尊重你自己。

数数自己所拥有的幸福：要感激在生活中我们自给自足的各种方式，而不要陷入纠结，也不要嘟嘴生气，更不要自怨自艾——要试着腾出一些空间来帮助他人。我发现，如果能够帮到别人，自己的情绪也会变得更加积极。无论是做志愿活动、帮朋友一个忙，或是为别人烘焙蛋糕或曲奇，让他或她快乐一整天，只要是帮助别人，就总能让自己的情绪变得更好。现在，我们这个世界比以往更加需要人们迈出脚步来帮助他人。

冲绳的智慧

如果说，在日本的某个地方，"気をつけて"的理念正焕发着勃勃生机，那一定是冲绳县。冲绳岛是日本最南端的岛屿，有人将冲绳岛称作日本的"夏威夷"。在归入日本领土之前，冲绳曾经自成一国。1879 年，冲绳岛被日本占领，随后又于 1945 年被美国占领，最终于 1972 年归还日本。

冲绳岛民深深地爱并尊重大自然——阳光、本地土产以及海洋的慷慨馈赠。本地居民以健康的饮食、压力较小的生活以及长寿而著称。冲绳被视为一片"蓝色地带"[1]，关于这种现象，我的朋友丹·比特纳已经研究了很多年。丹把自己对于冲绳与日本境内的"蓝色区域"所进行的研究写入书中，影响了数百万读者。冲绳人中的百岁老人数量是日本其他地方的五倍——而且日本已经被列为世界上国民最长寿的国度之一了。我在冲绳待过一段时间，下面是我从那段经历中得到的第一手经验：

---

[1]　译注：此处提到的"蓝色地带"即 blue zone，这一概念在 2005 年的《美国国家地理》杂志中由丹·比特纳首次提出。生活在蓝色地带的居民相较而言更为长寿。

学会适应

说到适应，冲绳人堪称专家。我在冲绳的那段时间里，有人带我去看了第二次世界大战期间冲绳人用于藏身的山洞。他们带我去看了曾经的战场，也讲述了他们的亲身经历——那时，他们除了红薯，没有任何可以吃的东西。他们还向我讲了自己当年惊心动魄地逃往日本内陆的经历。

我在冲绳岛认识了一位叫麻理的朋友，她人很好，带我和姐姐去见了她八十九岁的祖父野武和八十八岁的祖母稻福裕子，两位老人向我们讲述了自己在"二战"末期惨烈的冲绳岛战役期间的经历。那时，野武只有十六岁。他说，那天原本一切都很好——鸟儿在啾啾鸣叫，抬头看得到蓝天白云，一切都井然有序。随后，美国的战舰来了，一切都变了。作为家中的长子，野武很努力地想让全家人待在一起。

后来成为他妻子的裕子当时还是一个小女孩，只有十五岁。她说，当时她和她的家人为了生存，不得不坐上一艘开往日本九州岛的船，逃离冲绳。你能想象她有多勇敢吗？在她所坐的那艘船之前离开的船被炸弹炸毁了，船上载有一千多人，这让她害怕极了。她坐上了下一艘船，最终成功到达日本本土地区。两位老人告诉我，在经历了可怕的战争之后，他们开始明白，学习积极地看待生活并且拥有坚强的内心到底多重要。

与野武和裕子交谈之后，我更加明白在"二战"期间人们到底经历过怎样的挣扎。在了解了他人包括我们的先辈的经历之后，我们现在所面临的问题看起来就没那么大了。

随后，我询问裕子，要怎样实践才能拥有冲绳人的力量与性格。她的答案是什么呢？"无论何时，还是开心一点好。"我在冲绳期间，这个观点

▲ 日本冲绳岛：野武和裕子向我们讲述了自己充满勇气的故事，让我们知道"二战"期间冲绳岛上的生活是怎样的。

反复出现，这让我很感动。我听到了内涵这样深刻的故事，其中有战争，有悲剧，也有不公平的结果。但这些老人无论讲述了怎样的故事，都依然表示自己想要过得快乐一些。

▲ 我的导游大池勋先生是一名令人赞叹的日本历史学家，他和哲（野武和裕子的儿子）叔叔一起，带我和姐姐参观了冲绳的许多洞穴，在"二战"期间，成千上万的冲绳居民不得不躲在其中避难。

在我与稻福一家交谈后，过了几个月，麻理再次联系了我，并表示了对于那次谈话的感激。她伤心地告诉我，她的祖父稻福野武已经溘然长逝。但是由于我们的那次交谈，她得以了解更多的家族历史。能够遇到野武和裕子，我十分感激，我也会永远对他们的经历心怀敬意。

学会融入自然

每个人都接触得到大自然。无论你在哪里，都能免费享受大自然。花点时间与大自然相处也是一种治愈自己的方式。我们许多人每天忙于工作，但还是能找到一些小方法多进行户外活动的。你可以从公交车站或火车站走很长的路回家，可以与朋友约周末远足，或计划一次沙滩露营，也可以利用假期去国家森林公园游玩。

如果你周边的空间不足，能够进行的户外运动也十分有限，那么你可以通过种植植物来亲近自然。在纽约，我所拥有的空间很狭小，但我努力给自己安排了骑自行车、跑步以及在水边散步等活动。我的住所里到处都是绿植以及从当地市场买来的鲜花。只要有时间，我就会在公园里见见朋友，并进行全天森林浴。我有时会存钱去旧金山短途旅行，或回一趟加州圣地亚哥的家。与大自然相处是我自我关爱的一种例行方式。

无论是做一次简单的冥想，还是坐在公寓里那一小片阳光中，或是在市场里买一些鲜花，总之，每天都找一些时间融入大自然吧。你甚至可以去当地的社区花园，在那里帮助他人，同时也帮助自己！

冲绳人很重视自己脚下的那片土地。与之相似，我们也应当以大自然给我们的馈赠为荣。

学着烹饪吧!

冲绳人如此长寿的另一个秘诀是什么呢？他们自己种植、烹饪并且食用真真正正的食物。绝大多数冲绳人每天仍然从零开始做饭。

过去，冲绳人自己种植农作物是因为把食物进口到冲绳岛上很难。第二次世界大战导致了严重的食品短缺，肉类食物更是遥不可及，由此产生的以素为主的饮食习惯巩固了冲绳人在长寿榜单中的地位。

前文提到的朋友裕子已经八十八岁了，她告诉我，她的长寿秘诀正是食用红薯（关于仿佛具有魔力的红薯，我在第 98 页和第 142 页给出了推荐食谱）。当你种植并烹饪自己的食物时，你就已经在关爱自己这件事上迈出了一大步。你会看到并深切感受到这种变化。而当你感觉良好时，你的整个人生也会开始改善。

每天都是好日子

我的朋友广美已经在冲绳岛住了二十五年以上，我曾经问她："是什么让冲绳岛上的女性如此积极向上而又充满活力？"她毫不犹豫地说出了自己的答案："她们工作！"

冲绳的女性有许多的工作要做。在很年轻的时候，她们就会结婚，开始接管农活儿、照料家庭并且关注社区事务。但无论有多少工作要做，有多少事情要考虑，她们似乎从来不会被压垮。她们专注于积极的一面，着眼于现在在做的工作，然后一件件办好。（这个道理听上去是不是有点耳熟？）

在日语中，有一个短语与之对应：こだわらない，可译为"不要陷得太深"。说得简单一点就是，不要为一点小事而焦虑不已。要过得平和一点。要将注意力放到真正重要的事情上。

我的写作生涯已经持续十多年了，而且生活中我大多数时间都在工作。我拥有一家小企业，我喜欢穿着睡衣为自己工作，但我同时担负着支付自己的账单以及给自己的团队发薪水的责任。这是一种平衡。我有很多行政方面的事情要做，有时候，我也想逃避工作。但那些工作都是我作为老板的责任。这个身份也让我面临着很多财政方面的挣扎。但如果我们的工作对自己而言有意义，而且我们能把最好的自己投入到工作中，那么，每一天都是好日子。

积极起来！

冲绳人即使到了八九十岁，还是会投身于各种活动。在冲绳时，我会在早上的 5 点或者 6 点起床跑步，然后我很惊讶地看到，在超过 29 摄氏度的天气里，冲绳当地人也已经早早出来做农活儿。他们活动身体、耕种庄稼、制作陶器，唱歌、跳舞，全都会做！到了下午，我看到他们去往农贸市场，购买新鲜的食物。我甚至看见这些居民深夜还会走着去参加当地的一个社区庆典！他们相信，必须每 20 分钟让身体活动一下，才能让自己远离衰老。

在西方文化中，人们常常会将锻炼身体和去体育馆等同起来。冲绳文化则不同，我们可以学习他们的方法，将锻炼身体融入每天的例行事务。我很喜欢看老年人环绕着小镇骑自行车，这种现象很常见，也总能让我微笑。试着在自己的生活中以更为自然的方式实践这种理念吧，你可以每天走更多的路、把车停得离商店更远一些，或者在遛狗时走得比以往更长一些。

不要担心

冲绳人认为，坚强的内心是很有价值的。我练习冥想的时间已经有八年了，而且每过一段时间，这个过程就会变得更简单一些。我喜欢跟随着狄巴克·乔布拉 [1] 的指引流程进行冥想。是的，某些早晨我会过于重视冥想的时间限制，但现在，我和自己约定好，每天从日程中空出 10 到 30 分钟的时间，来为自己做点事情。

冥想已经被证实可以减小压力，帮助我们使身心归于平静；冥想能减轻我们的焦虑和紧张，还能帮助我们将头脑中的噪声清除出去；冥想还可以延缓衰老。但最重要的是，所有人都可以进行冥想，这种活动免费且易学。

---

[1] 译注：Deepak Chopra，印度籍美国作家、演讲者，倡导替代疗法，即常规西医治疗以外的疗法。

6

永　　　　远
尽 力 而 为

六

曾经有人告诉我，辛勤地工作总会被人察觉的。当我实践"頑張って"即"尽力而为"的理念时，我牢牢记着这句话。

在我职业生涯的初期，我将自己与他人进行了很多的对比。像很多年轻人一样，我不可抑制地觉得其他所有人都非常成功，也不能理解为什么我的成功之日依然未到。在我二十几岁时，我曾期待自己瞬间就能大获成功。

有一个让我印象非常深刻的例子。那一年我二十五岁，年纪轻轻，对成功如饥似渴。当时我有幸和行业内很有才华的图书编辑共事。我仍深陷于各种比较。在我面对自己尚未获得之物挣扎着寻求内心的平静时，那位编辑用了一个类比，我永远不会忘记那段话。我坐在她的桌边，她看着我的眼睛说道："坎迪斯，你得把成功想成一锅带骨猪排。如果你的锅里只有一块猪排，那它很快就会干透；但如果你同时在锅里烹制几块猪排的话，它们会维持彼此的湿度，让彼此幸福，最终呈现出完美的状态。锅里有足够的空间，所有人的成功都会被烹制出来的。"我从来不曾忘记这段话带给我怎样的感受。

在那之后，我又花了十年时间努力工作，进行长时间的奋斗，也做过很多没有薪酬的工作，由此学着成为一名更好的作家，管理好自己的小企业，最终成为一名更好的老板。但这是一个持之以恒的过程，而且我每天都在努力提升自我。最终，我学着与自己的步伐、自己的轨迹和解。我并不需要身处巅峰，但自己的努力是会稳步积淀的。有了时间与年岁的积淀、经验与勤劳的工作，机会总会到来。

从小到大，我一直被教育要尽力而为，而我父亲就是这一理念的非凡例证。他十二岁时，坐着一艘船从波兰来到美国。他很快学好了英语（虽然过程并不容易），并且十分努力。父亲和她的兄弟姐妹们充分利用了他们在美国得到的机会。父亲令人自豪地在海军中成为一名电工技师，而我的约翰叔叔则投身空军，成为一名军士长，同样令人自豪。

我渐渐长大，父亲成为一名原子能审计员，他负责审查并确保核电站日日夜夜的安全。这种职业对于精准与准确的要求高到令人难以置信。

母亲这边也大体相同。我们家的房子总是一尘不染、井井有条。她能办出最棒的生日派对，她给我们烘焙的每一份糕点都是用最初的原材料开始做的，每天的每一顿饭也都是用最基础的食材开始做的，而除此以外，她还在学校担任老师。她总是尽力而为。我从不觉得她哪里没做好。

我身边的每一位熟人也都会告诉你，母亲就

▲ 爸爸从波兰初到美国时，只有十二岁。随后，他十分努力，凭借自己的力量取得了成功。遇到我妈妈时，他还是一名年轻的美国海军海员，驻扎日本。他说，和妈妈在一起时，"生活就是会好一点"。到现在，爸爸妈妈仍然是最好的朋友。

▲ 叔叔在军队的岗位上始终尽职尽责。

是我的一切。她的话语和理念都是我内心的赞歌。在我最艰难的时日里，我总会想起她。我在工作时不小心被钳子烫伤了胳膊，回家时烫伤部位闻起来像天妇罗，那时我也会想起在厨房里的母亲。当我在后巷的垃圾铁桶边被主厨训斥时，是脑海中的母亲支撑着我。当我在布鲁克林伏案写作，几乎要付不上房租时，我会想到母亲。在我进行各种研究、事实核查、编辑照片并为食谱和手稿排版，工作到深夜两点时，我会想到母亲。在我穿着高跟鞋，做好发型、化好妆来到摄影棚之前，我会想到母亲。我努力使自己的声誉无可挑剔。毕竟，母亲就在电视机前看着，她会怎么想呢？我想尽力而为，让她感到骄傲。

拥抱生活中的挣扎

金缮技艺告诉我们，在挣扎之中有美存在；"頑張って"理念则告诉我们，在努力之中也有美存在。是的，"頑張って"这个短语所表达的意思是，你必须一直给出自己最好的表现，但同时，它也意味着，如果你已经尽力了，那就足够了。你不必过于强迫自己，或者执意追求完美。你不必非得是最好的那一个，你只要做最好的自己就够了。

对我而言，"頑張って"理念一直代表着做最好的自己，但也不要为自己的能力设限。我会把玛莎·斯图尔特 [1] 想象成这个理念的一个代表人物。我真的怀疑，她会不会曾经坐在家里，对自己说："很棒，玛莎。现在你的

---

[1] 译注：Martha Stewart，美国女企业家，亿万富翁。

工作都做完了，恭喜。"

那么，我们又该怎样把"頑張って"融入自己的日常生活呢？下面是一些小思路：

做好准备

准备是一件大事。如果你——为可能发生的任何事——做了很多的准备，那你就会给出自己最好的表现。虽然准备是要针对具体的情境来进行的，但还是有一些工作你一直都需要做。确保自己得到充足的休息。如果对你而言，这一点意味着当天不摄入咖啡因，或者把电子设备放在一边，然后早早关灯休息，那么就去做吧。通过准备的过程调节自己的内心，这会让你更加专注。你不必把每件事都答应下来，当你很忙碌的时候，不要做出过多承诺。在一个很重要的时间点或者事件之前，适当地滋养自己，喝很多的水，吃新鲜的食物。不饮用酒精饮料也是一种明智的选择。当你感觉自己达到最佳状态时，你的工作成果也会更好。

在日本文化中，人们见面时习惯给对方带一个礼物。无论何时与别人见面，我总会准备一件礼物。这种礼物可能会很小，比如自制的曲奇饼干、巧克力甜点或者抹茶。礼轻情意重，这样的表示会让对方明白，你由衷地认为他们很特别，你与他们的关系非常重要。

准备的另一个方面是调查研究。在成长的过程中，我记得我总会看着母亲备课。虽然她每年都讲授相似的日语课程（坚持了三十多年），但她依然会做好准备。在上课的前一天，她会思考下一节课该怎么教，回顾授课材料后进行研习。当我还是一个小女孩时，我会藏到她的书桌后面，用亮晶晶的双眼看着她。（到现在，她仍然不知道我曾经这样盯过她。）我们可以借鉴并学习我母亲的经验。如果你即将参加一场面试，那就要对那个公司和你可能会面对的人进行一切力所能及的调查与研究。相信我，人们喜欢听到你对于他们所进行过的调研——这对你有百利而无一害。

最后，一定要多多练习。如果你将要进行演讲，或者做展示，那你需要练习，练习，再练习。一开始，我父亲在做公共演讲时并不适应，但我记得，在我还是个小孩时，我看到父亲在家中的客厅练习演讲。充足的准备会让你无所畏惧。在上场之前，如果已经准备好了一切所需素材，你就会觉得内心很踏实，也会觉得自己可以应对所有情况。

倾尽全力

时间是有限的。你的人生只有一次，而有些机会也仅此一次。准备好那次职场面试、准备好那次午餐约会、准备好那次介绍展示——然后展示出真正的最佳自我。如果你真的想在自己的职业生涯中有所成就，如果你想要达到巅峰，你就必须倾尽全力。付出多少就会得到多少。

准时准点

准时是一种礼貌，也是帮自己。当你匆匆忙忙踩点参加某项活动时，你会更加紧张，也会更加慌乱，而那时，你真正需要的则是尽快融入环境。如果想要准时赴约，就需要提前做好规划。比自己的预期所需预留出更多时间，让自己可以应对一些不可预知的事情；比如交通堵塞或者列车延迟。

做真正的自己

你就是你。你的优势与才华让你与其他所有人都不同。在成长的过程中，我姐姐的舞姿令人惊艳，而我则擅长踢球。我对于假小子的各种活动都很在行，姐姐则会在充满艺术气息的事情上大显身手。当我们又长大了一些，上文中对于我们二人的描述几乎互换了。珍妮现在是一名自行车修理师与作家，而我则成了一个厨师，也是一个作家。每个人的天赋都不同，所以你的最佳状态看上去也会和别人的最佳状态有所不同。如果想要确认这的确已经是最佳的自我，可以看看你是否遵从真正的自我。

祝福他人

就像人生中的其他许多事一样，"頑張って"理念也是互惠的。当别人马上要去参加一场很重要的考试、演讲、工作面试、会议或婚礼（任何事情都适用！）时，要真心实意地祝他们好运。当你开始由衷地祝愿别人成功时，同样的祝福也会回赠到你身上！

现在，我比人生中的其他任何时候都更加相信"頑張って"具有互惠的力量。这个理念意味着你要将自己的能量投入到对他人的支持之中，要祝愿他们取得真正的成功，祝愿他们崭露头角，祝愿他们的生活充满光明、爱意以及真正的幸福。人生并不是一场竞争。世界上有足够的空间，每个人都可以达到自己想要的巅峰，而如果不真诚地支持他人，也就无法到达真正的巅峰。但最为重要的是，你必须以真情实感对待这件事，在通过言语祝福他人的时候，内心也要做出同样的祝愿，要践行自己的信念，并以完完全全的真心，将真诚的爱意、光明以及能量赠予他人。頑張ってね!

待人诚实

母亲曾经告诉我:"要永远诚实,这种品质会为你省去很多麻烦。"在日本文化中,人们教育孩童,诚实待人会得到丰厚的回报。诚实意味着接受关于每个人的事实——无论是自己的还是别人的。待人诚实能够表明,你很真实,你正在尽力而为,你忠于自己的信仰。待人诚信会让别人信任你,也会鼓舞他们对你说真话。如果想被信任,请努力待人诚实吧。

在我崇敬的很多人身上,都能看到这种品质:布琳·布朗、近藤麻理惠、奥普拉·温弗瑞、玛丽安·威廉姆森、梅洛迪·贝蒂、堂·米格尔·路易兹。正是他们的作品启发了我,让我走出自己的保护壳,与大家分享我的故事。从你人生金色的缝隙里你能看到诚实。每一道缝隙都代表着勇敢,你应自豪地展示。

奥运会运动员也是"頑張って"理念很好的实践者。他们奉献自己的人生,追求最佳比赛表现。他们准备,练习,努力关爱自己,确保自己表现出最佳状态;他们也懂得抓住机会,全力以赴。那是真真正正的"頑張って"。观看比赛时,我们会感受到激励,并由衷地祝他们好运。我们可以将他们视为一种练习指引。

"頑張って"也包括在个人和私人领域都要全力以赴,不仅仅是有旁观者的时候。写邮件、烹饪晚饭、陪伴家人的时候都需要"頑張って"。在全世界关注你的时候,要尽力而为;在没有人关注你的时候,也要尽力而为。

奖励会让人感觉良好，自己的重要成就被人认可也的确很不错，但外界的认可绝不是你自我定义的标准或证明。真正的回报，会让你觉得自己让周边的世界变得有所不同了。

如果你开始在生活中实践"頑張って"理念，不仅自己感觉会变好，也会启发他人。你的努力会获得回报，你会离人生目标更近一步。当你从爱与真诚出发，尽力而为的时候，整个世界都会从中获益。

改善
——不断迈向更好的阶段

"頑張って"理念启示你尽力而为，同时，"改善"理念鼓励你不断改善自我。"改善"是指，虽然你可能已经尽力，但你永远无法将全部潜力发掘出来。无论多么努力，你还是会一直处于改善自我、改善工作、改善人生处境的过程中。上述事实并不是想将你击退，而是说，你一直能够努力让自己变得更好。在前进的道路上，每个人都在坚持学习、成长并改善自我。"改善"一词在日本商界的地位十分突出，但你幼儿时期就接受过相关的教育。正如我父亲所说："永远不要满足于现状。"只有这样，你才能取得更大的成就。

7

没办法的事

◀ 穿行在高野山的丛林之中也是一种放松方式……可以实践"仕方が無い"理念。
珍妮·熊井·格威亚兹多夫斯基（Jenni Kumai Gwiazdowski）

在日语中，"仕方が無い"有时也会被读作"しょうがない"，后者源于前者，意为"不要总是抱怨，继续向前走吧"。

在我的冲绳朋友广美小姐看来，冲绳的女性寿命很长的主要原因是什么呢？就是这个被称作"仕方が無い"的小理念，它的意思是"没办法"。我在冲绳时，广美向我解释道，日本的女性对各种小事"不会太过在意"，因为她们"有太多的事情要做"。

就其精髓而言，"仕方が無い"（或しょうがない）其实意味着放手。这个理念是让你接受你所不能改变的事，然后尽自己所能，让这件事远离你的生活。这个理念鼓励你从生活中的戏剧性事件里撤出来，然后提醒自己："这件事在五年或者五个月内（在某些情况下，甚至五个星期内）就会变得没什么大不了的，所以我不会在这件事上浪费五分钟以上的时间。"然后就从这件事情中抽身吧。

在自然界里，秋天的树木可以很好地体现"仕方が無い"。季节在变化，这就是没有办法的事。随着树叶飘落，树木就向我们展示出了一种放手的姿态。

借鉴冲绳女性的经验，当你遇到一些无法改变的事情时（比如，与一个固执的人意见不合，或者天气很糟糕），不要总是惦记着这件事。"しょうがない"，倒不如放手，毕竟这是没办法的事。你所能改变的是自己的力量以及整个人生的方向，而方法就是改变自己的思维模式。

深呼吸，放轻松。放手吧。

当你与朋友发生争吵，甚至闹翻的时候，无论你多努力，你们的想法仍然是不一致的，在这种情况下，放手也能减轻你的痛苦。总有些事情是没法改变的。其中可能包括一份没能得到的工作、一次并不顺利的约会或者一趟被取消的航班。有一些情况你无从改变，你也没有办法改变某些人的感受。

如果你发现自己现在面临的状况无法改变，你可能很容易就会开始折磨自己，不停想着到底哪里出了问题，开始责怪自己，或者试着对哪里修修补补，想让自己的努力有所收获。对于过去，纠结或思虑过多都会妨碍你治愈自我，也会让你的光芒变得暗淡。这种自我折磨不仅不会被尊重，还会被他人轻视。在多数情况下，当一件事情无法改变时，那就意味着它的结局也同样无法改变。没关系——仕方が無い！

如果你现在正处于那样的境况，也许是时候从那件事中脱身，更努力地去做点别的事了。当你对一件不属于你的事物放手时，你会寻找到轻松的感觉，你会得到安宁。这些感觉可能并不是突如其来的。有时候，你的确仅仅通过离开那个情境，就能看到这样做的价值，也有些时候，你可能需要更长的时间才能获得这种认知。身处困境的时候，你可能会觉得自己就像在森林之中一样，放眼望去，尽是树木。但当你走远一点，你就是在让自己脱离这种情形，也是让自己走入一个新的环境。在你自己意识到之前，你就已经占据了有利的位置，可以看到全貌。所以，对于没办法的事，就放手吧。

家人很重要

几十年来，我看着自己的母亲带着优雅和荣耀，体面地处理了各种难办的事。她从未抱怨过任何事。

作为一个日本移民，她却养大了我们两个美国女孩，这种难度我只能想象，而她却做到了。她为身为母亲而骄傲，而且当珍妮和我有某个科目需要加强学习时，她还会给我们布置额外的作业。她总能忠于自己的信念，对于先辈，她也不曾忘记。要做到这些，需要平静、诚实以及耐心。她向我展示了如何变得坚强、如何学习、如何诚信地工作、如何做到准时，以及如何尽可能成为最好的自己。她几乎不说别人的坏话，也不闲言碎语地八卦别人，甚至在她诸事不顺时，她也不会那样做。此外，她还一直保持着幽默感（直到现在，母亲都是我们家里最有趣的人，只是她自己不知道而已）。

当然，人无完人。就像任何家庭一样，我们家也会吵架、闹别扭，也会开家庭会议。过去，我也曾是一个坏孩子，会和不良少年出去逛，还会和其他家庭成员吵架。我的家人还可能告诉你，这种说法过于轻描淡写了。(爸爸妈妈，对不起！我会补偿你们的！) 在我不服从我的父母的时候，他们并不总是知道该怎样处理。那些年里，我的家人和我陷入了交流与交流失败的循环。但有时，我们发现，最好的解决方案其实恰恰与"仕方が無い"理念吻合，对于有些事，只要放手就好。最终，我还是对我们过去一起面对的挣扎与挫折心怀感激，因为正是那些经历让我们成了现在的自己。如果没有那些掺杂着混乱与变动的时光，如果没有那些起起伏伏，我们就没办法学到怎样成长，怎样充实自己的人生。那些挣扎会成为你人生经历的一部分。那也就是金缮之美。你的瑕疵也可以成为你最美的一部分。

世事无常

"仕方が無い"理念就是要你习惯世间的种种不可预知，让自己扬起的帆顺风而行。如果你敞开双臂，敞开心扉，敞开梦境，顺风航行，与生活所给予你的事物保持同样的步调，你就会发现，所有事情都变得简单了些。未必总是那些最强壮、最聪明的人走得最远，往往是能够适应的人获得胜利。

适应是日本文化所蕴含的一种艺术。下一次，当你处于一个不太美好的情境时，我强烈建议你试一试这种日式方法：平静下来，保持坚韧，做深呼吸，然后适应当前的进程。

在 2016 年的美国大选[1] 之后，姐姐和我都备受打击。父亲给我们写了一封思虑周全的信，在信中，他告诉我们，不要因为一点小事就焦虑不已。他说，一名政客并不需要渗入我们的日常生活。他还说，其他人也会当上总统的——其中也会有女性总统——我们还是可以继续为他人行善事，同时过好自己的生活。我父亲并不是一个话很多的人，所以当他说话时，你会真正地聆听。他对于"仕方が無い"理念的见解对我而言意义深远。

当外界的某件事情不太对劲时，请记住，无论是对待什么事物，都不要觉得它是针对你的。认为这件事和自己无关反倒是一个更为稳妥的选择。

在日常生活中，你可以采取许多种形式实践"仕方が無い"理念。日本人之所以可以保持冷静、实现长寿，一个重要原因就是走路，所以，下一次陷入挣扎的时候，你就用走路来消解自己的情绪吧。而对我来说，每天早晨做一次安宁而简单的冥想让我成了一个更温和、更坚韧也更冷静的人。冥

---

[1]　译注：此处的美国大选即指 2016 年唐纳德·特朗普击败希拉里·克林顿，当选美国总统。

想帮助我将焦虑消除于萌芽状态。与志同道合的朋友一起练习瑜伽改善了我的精神状态，也让我成了一个更平和的人。找到适合你的、能够帮助你保持冷静与专注的练习方法。

另外，拥有自知之明也是一种力量。下一次，当你处于某个压力很大的情境的时候，一定要观察你自己的行为。你能立刻做出反应吗？你找的东西健不健康？随手拿起一杯白酒、啤酒或鸡尾酒是很容易做到的。在自己感到痛苦的时候，如果能够挑战更难的事情，同时学着更好地自律，努力改善自己的注意力集中程度、思维清晰度以及身体健康程度，想象一下，我们会变得多么强壮（而且是身心同时变强）。

这里有一些练习"仕方が無い"理念的方法：

冥　想

正如前文提到的，冥想奇迹般治愈了我的焦虑，使我的心态更为开放，帮助我接受自己不能改变的事。开始时，你可以在家里或大自然中静坐冥想，也可以去冥想中心或同好社团进行练习，还可以在音频或手机软件（如 Headspace）指导下开始冥想。

深呼吸

深呼吸——尤其是通过鼻子进行的深呼吸——会使你静心，将你带回现实。深呼吸时，注意观察自己的身体，是否有某个部位因紧张情绪而紧绷。比如，是否牙关紧咬或眉头紧锁？研究表明，深呼吸对调节血液酸碱度有很大影响，这种酸碱度变化可降低血压，进而让全身得到放松。此外，当深呼吸成为一项定期活动，对头脑、心脏、消化系统以及免疫系统都有好处。

沉浸状态

无论是工作、读书、培养爱好、外出旅行还是参加让自己感觉更棒的兴趣活动，都要尽量让自己沉浸于一件有所收获的事，不要纠结于负面想法。你所关心的新主意、新内容与新工作都会让你精神振奋。

振作起来

我喜欢给自己买点鲜花，有时会从杂货店买，有时是街角市场。花朵会让居住空间更加明亮，也会带来快乐体验。你也可以送自己点别的——蜡烛、最爱的甜品，或者一个热水澡——总之，让自己感觉好起来。

听点音乐

声音对调节情绪有不可思议的作用。每天我都会听让自己觉得很棒的音乐，或尝试一些能带给我启发、帮助我学到新东西的电台节目。

坚持学习

保持好奇心。保持阅读的习惯。与人交谈。学习课程。你知道得越多，能力和意识也会越强。

停止攀比

将自己的生活与别人进行对比，总是会带来自我挫败感。如果要做比较，对象应该只有一个人——你自己。如果你发现自己正在玩攀比游戏，就不要再看新闻或社交媒体了，请更多地投入当下。花时间独处，享受你所喜爱的一切，给自己留出一片宁静。

照料自己的小园地

在自然界中找到一片区域，用心栽培。也请像呵护幼苗一样呵护自己，给自己充分的养分和阳光。如果你忙于应付生活，不一定要整天穿着睡衣琢磨园艺，但一定要有属于自己的时间。请把自己列为优先项。

能治愈你的小物件

身边放一些带有象征意义的提示物，能提醒你生活的重心。我喜欢用珠玉宝石治愈自己，尤其是蔷薇石英，它有助于将爱意引入我的生活。我也喜欢玛拉珠串[1]，当我经历艰难时光，它会让我感觉安心一些。有人将这种珠串用在冥想中，我睡觉前也会握着它。也许你不喜欢水晶，也可以找到某个物件——可以是一段引文、一张图画或是家族信物——只要能与你产生共鸣就好。

---

[1] 译注：原文为 mala beads，是一种传统的用于冥想的项链，由 108 颗珠子串成。

改变自己的视角

　　眼中景致的改变可以神奇地带你走出摇摆不定的状态，让你从全新的视角重新观察。获得新视角的方法很多，你可以走去平时并不会去的小镇一隅，不按平时的路线行走，拜访好久不见的旧友，或者看一部纪录片。

去远足 / 丛林穿行

　　我们提到了观赏景致，其实花时间与大自然共处就是一种充满新鲜气息、实践"仕方が無い"理念的方法。在日本，在森林中缓慢行走，花时间沉思，被称作"森林浴"。呼吸新鲜的氧气，品尝树上产出的植物油，还能摸一摸、闻一闻、看一看日常生活中没有的事物，都会帮助你打开很多之前一直紧闭的通道。你的思维变会得更加广阔。走出原先所在的环境吧。

与支持你的朋友同行

　　每个人都需要能为自己提供精神动力的朋友。评定下哪些朋友让你感觉很好，以后在努力解决令人无奈之事时可以寻求他们的支持。

　　记住，练习"仕方が無い"理念并不容易，它需要持之以恒的努力。每个人都要应对各种问题，但你还是可以学习如何随机应变，应对世事无常。只要按照上述方法付出努力，假以时日，我保证，你会备感轻松。

IV

心　　　灵

8

人 际 圈

◀ 在我需要治愈的时候，我最好的朋友带我去徒步旅行（森林浴）了。"ゆいまーる"理念对我而言永远存在。

在冲绳文化中，人们会用到"ゆいまーる"这个表达，翻译出来意为"人的循环"。"ゆいまーる"是一种理念，它重视人们的团聚。这种理念告诉我们，社交网络，尤其是亲密朋友之间的小圈子，能够治愈我们，还能改善并滋养我们整个团体。

"ゆいまーる"理念是我学到的另一个第一手经验。冲绳岛文化非常多元，岛上有很多来自美国与日本的居民。在这样的混合人口背景下，"ゆいまーる"理念就非常有用了。无论去那里，我都能感受到团结、同理心以及真诚。

我曾经观察过我的冲绳朋友们是怎样支持当地的餐馆、陶器商店、音乐演出以及社区舞蹈表演的。当地的社区团体就像紧紧地抱在一起似的。在我的个人生活中，我一直都感觉，如果自己有一些亲密的朋友、家庭成员以及一个可以在其中成长并且真诚待之的社区的话，会比拥有一群普通朋友以及熟人好一些。

在生活中，我们不可避免地会经历艰难时日。要记住，为了生存下去，我们都需要依赖彼此，这很重要。分享我们的成功经验会将那些成功放大。而将自己曾经的挣扎经历分享给别人，则会让这段经历更容易忍受。独自承受的话，你未必能够成功。这正是我们一起生活在这颗庞大而疯狂的星球上的原因。无论你正在努力达成什么目标，"ゆいまーる"理念都能帮到你。

这个理念需要你有自己的小部落、小团体、小分队，以及自己的团队。

你可能会被绊倒——事实上，你可能会脸着地摔跤（我就这样摔过很多次），但这都没关系。你有你的圈子作为支撑，也就可以心怀感恩，带着坚韧重新站起来，恢复元气了。

生而脆弱

无论人们承不承认，每个人都是脆弱的。脆弱并不代表虚弱，其实脆弱正是力量的象征。回顾自己承受创伤与痛苦、历经挣扎与挫败的时日，脆弱可能显得很难以应付，但最终，我们都会挺过来的。

讽刺的是，我发现，向他人表现脆弱的能力是从独处时开始的。我需要时间来独处，使自己恢复能量。当我独处时，我能感受到独自一人的舒适感，这样我才能在与他人共处时使自己具备更强的敞开心扉的能力。

六年前，当我独自去日本旅游时，我的很多方面都需要治愈，所以我想花点时间专注于关爱自己，妥善地治愈自我。在自己的感情方面，要想敞开心扉实在很艰难，但那时我也意识到，承认自己脆弱也是一个绝佳的机会，可以让自己学到一些有价值的知识，还可以清理掉一些我想要也需要从人生中清理出去的东西。

那一年，我只和非常支持我、有事可做的那群人交际，然后，我发现自己的人生开始发生转变了。

我的确喜欢那时的自己。那时，我觉得自己的工作更有意义了；此外，我还想专注于对其他人的生活产生深刻的影响。我学会了爱自己，并像关爱最好的朋友那样关爱自己。

也许那就是所有的转变中最大的一个：当我独身一人时，我惊讶地发现，我也能将自己视为最好的朋友，然后好好地对待自己。独自旅行让我有了活在当下的能力。这真的是一个非同寻常又在意料之外的转变。在发现这一点之后，我也有能力去当一个更好的朋友了，因为我与自己喜欢的人在一起时，才是真正的活在当下。我开始敞开心扉与他人交流。我会毫不犹豫地说出自己的需求和脆弱之处。

然而，脆弱真正对生活产生影响，则是在你对他人敞开心扉，吐露自己的脆弱之后。当我变得更加脆弱时，我会卸下自己的伪装面具，让每个人都知道自己的那些秘密。我开始变得透明，最终也有了分享自己的故事的勇气，活在当下的每时每刻，然后将它们视为分享自己心绪的最后一个机会，占据每时每刻。

脆弱也是一个关于勇敢的概念。它关乎坦率与诚实，关乎不惧他人的评判、拒绝或疼痛。当我们脆弱时，我们也就能敞开自己的内心，接受新的想法、新的关系与新的人了。一旦我开始打开自己的心门，就会有不可思议的人走入我的生活。有时，在你变得非常坦率之后，友谊和人际关系的基础其实会更加牢固——当你拥抱自己人生中的支离破碎之处时，它也会让你成长。在这一过程中，展现自己的脆弱之处就是第一步。

许下承诺

在我最近一次去日本的旅途中，母亲和我在东京待了几天，观赏樱花。有一天，我们和母亲从大学就认识的好朋友共进午餐。在日本，人们习惯互赠礼物（不一定是非常华丽的礼物。这种礼物通常可以表达情意就好，比如说一块小手绢、一只小茶杯，或者一些曲奇饼干）。母亲的每一位朋友都给了我一份小礼物，这让我的内心深受触动。其中一位朋友甚至给了我四本她珍藏的日本家常食谱，我会永远记得这件事的。

当我们坐下吃午餐时，我问了问她们关于友谊的看法。"我的妈妈远在美国的加利福尼亚，这么多年来，你们怎么可能还都保持着联系呢？"她们回答说，这需要大家付出努力，也需要对彼此有所承诺。她们必须规划出时间来交谈，每年见彼此一次。让友谊在这么多年间保持鲜活也算一种工作，但这项工作绝对值得你付出努力。

拥抱团体

这里所说的团体会对人的心灵产生积极的影响，并且留下长久的印记。无论是在教堂、读书会、烹饪班、瑜伽班、美术或者冥想课堂上，治愈小组、单车俱乐部、休闲活动还是在其他什么活动项目中，如果你身边有一个强有力且齐心协力的团体的话，这会对你的健康生活产生重要影响。建立强烈的团体归属感会让你更有动力、更健康，也更幸福。对于这一现象，凯琳·霍尔（Karyn Hall）博士做出的解释是，当你是一个关系亲密的团体的一员时，你会更能意识到，所有人都会挣扎，也都会经历艰难的时日。因此，知道自己并不孤单之后，内心就会获得宽慰。此外，研究人员发现，在有他人陪伴时，人们会比孤身一人时更幸福一些。对于心理健康、健康老龄化而言，社交方面的支持是一个重要的因素。

这是静子，在六十多年的时光里，她既是我祖母的邻居，也是最好的朋友。在她们的人生中，静子与祖母互为依靠，分享彼此的欢笑，忠于彼此的友谊，也一直陪伴彼此。静子的父母告诉她："要与邻为善。"而静子的确做到了，她很喜欢祖母，也很珍惜她们在一起的时光。她曾与我分享自己对朋友们的感激之情："我曾经是一个很自私的人，直到过了八十岁。"她从未告诉朋友们她们对于自己多么珍贵，也从不曾表达对朋友的感激。

八十岁以后，她很多朋友都搬走或过世了，而后她感到了孤独——身旁再无一人。朋友们走了之后，她开始意识到，他们到底有多么重要。她说："直到那时，我才明白，我不该以自私的方式生活下去。人是无法孤孤单单地生活下去的，你必须感谢自己的朋友。"

所以，在八十岁这一年，静子决定改变。她开始更多地展现自己脆弱的一面。她对身边的人们敞开了心扉，更真诚地与他人沟通，全心全意地付出真心。她会经常练习感恩，你可以从她的温暖和专注中感受到这一点。在别府市期间，我每天都能在市场里遇到她，她会握住我的手，给我最温暖的问候。她总会带着大大的笑容问候别人，乐于停下脚步与别人闲聊。即使与她相识一生的很多朋友，包括我的外祖母，都已经不在她身边了，静子还是会继续建立新的人际关系，而不是停止与他人来往。

静子教会了我重视并感激友谊的重要性，无论新旧。对这些友情敞开心扉，为它们腾出时间，及时告诉自己在意的人，你爱着他们，而且你因为他们的存在而心怀感激。从现在开始，以开放的心态生活吧。我们时间有限。

▲ 这是静子，她已经九十六岁了。在六十五年多的时光里，她一直是我祖母最好的朋友。关
于如何让友谊纵贯一生，她与我分享了自己的想法。

用表现代替语言

正如"改善"之道教导我们持之以恒地改进自己那样，你也可以将同样的道理运用到人际关系中，多投入一些时间，为朋友提供源源不断的支持。这正是人际圈子存在的意义。我的朋友和家人一直支持着我，我也一直努力支持他们。

当然，你所做出的行动可以真正地衡量自己为别人提供的友情。如果你想成为某个人的好朋友，就向他展示出来吧。比如，现在我们许多人都会通过发短信、发电子邮件很快地联系别人——我们甚至不再与朋友们交谈了——向别人表明他们对自己很重要的一种方式就是安排时间，约对方一起喝咖啡，或者一起吃顿饭。在你的生活中，与别人共度时光以及为别人腾出时间都很重要——通过这种方式，你可以表达出他们在你人生中的价值。爱着其他人也会让你觉得被爱。这种爱，是真实的。

下面是一些通过行动来增进友谊的方法：

体贴入微

节假日以及其他尽人皆知的场合固然很适合向别人表达关怀与爱意，但如果你在意想不到的时间点给别人发短信，将自己的爱意传达给他们，那么会更有意义。同理，表达感谢并没有截止日期。如果你真的很喜欢某位朋友三年前送你的一件东西，那就告诉他你仍然非常喜欢那件礼物吧！如果你突然想起了某件往事，就告诉相关的朋友吧！每周都会有读者按我的菜谱进行烹饪，然后发消息给我，那真的会让我很开心。每个人都希望得知自己为他人所欣赏，这一点无关日期。

专注于当下

将自己的注意力给予他人。在吃晚餐时，你是否整顿饭的时间都在看手机？（认真地说，吃饭时把手机放远一点吧，越远越好。）你在一心一意地听朋友讲述自己的经历吗？人际关系取决于注意力。真诚地询问他人的近况，然后认真地聆听他们的回答。

分享自我

将自己的真情实感分享给别人，这是完全没有问题的，而向别人展示你脆弱的一面也会让你活得更真实。见证他人的内心深处会让人感受到宽慰，因为直到那时，我们才明白自己并不孤单。不要因为别人的想法而害怕，也不要觉得自己必须故作勇敢。在某些场合，你可能会这样做，但当你和自己圈子里的人在一起时，你完全可以无所畏惧地分享自己的真实经历。

帮助他人

要用你自己的才华去帮助朋友，哪怕只是倾听他或她。如果你能帮到别人，那就在快乐中免费地给予需要的人帮助吧。有一天，你也会受到他人帮助的。

勿求回报

在生活与给予的过程中，不要希求回报。对于那些你真正爱着的人，是存在一种自然而然的交换的。但是，永远不要出于想要得到回报的心理去帮助他人。这一点在你有所需求时会变得十分明显。你与朋友的互动应该是真诚且真心真意的，不应带有不可告人的动机。

积极主动

所谓友谊，是要帮助朋友，即使对方并没有提出这种要求。当你的朋友正在等消息（无论好坏）或者即将面临工作上一个重要日子的时候，你可以问候他们。当你朋友生病在家的时候，你可以为他们送去热乎乎的汤，或者从商店买一些东西，送给刚刚生了孩子的朋友。你还可以给即将面临重要面试或展示的朋友写一张便笺或一封邮件，以此鼓励他们。友谊是由行动来定义的，另一种定义方式则是彼此之间不需提出自己的要求。你真正的朋友明白你什么时候需要什么，而且他们也乐于提供帮助。

我知道我真正的朋友圈子里有谁——她们就是我的ゆいまーる、我的小组织、我的小团队——因为当我身处困境时，她们会最先开始行动。即使自己已经忙得不可开交，我的这些女性朋友还是会和我一起参加瑜伽班；她们会在我经历分手时，专门来握住我的手；她们会真诚地来为我的生日或某项大成就祝酒并庆贺。她们为我的成功感到高兴，而我也会为她们的成功感到欣喜若狂。正是她们组成了能够不断接住我并将我举高的安全网，让我不断走向更高处。当你成为真实的自己时，你会明白，你的人际圈子就在你的身边，理由也很正当——正是为了那个真实的你。

9

懂 得 感 恩

在本书的生活方法练习中，有一个支撑其他所有方法的日本文化理念，即日本人所称的"感謝"。就其核心而言，"感謝"意为"培养感恩之心"。其中包括对自己天赋的感恩、对当下的感恩以及对人生中种种事物的感恩。

我的父母来自两个大不相同的文化和宗教环境，但这两种不同的出身都根植于深刻而真挚的感恩之心。对于我们所拥有的，他们会坦白地表达自己的感激之情，也会与姐姐及我分享这种感激之情。

我的父母最初建立关系（最终成为一生的挚爱）就是在一个充满平和的地方：东京南部的海滨城市镰仓市的大佛像边。

日本人有这样的传统：为了将"感謝"的美妙之处传递下去，让这种传统继续存在，他们会向孩子讲述相关的民间故事。其中有两个非常引人注意的故事：仙鹤报恩[1]与戴斗笠的地藏菩萨[2]。这两个故事都教育儿童，如果为人善良、懂得感恩，将来你会得到回报的。日本人也会通过漫画以及动漫的形式，让孩童接受这种根基深厚的价值观。

---

[1] 译注：即"鹤の恩返し"，故事大致内容为：一个青年帮助了一只中箭的仙鹤，之后仙鹤化身为美貌女子，寄宿于青年家，而后嫁给青年，并为其纺织，帮助青年致富。
[2] 译注：即"笠地藏"。故事大致讲的是：有一对老夫妻，一天，丈夫出去卖斗笠，却一个都没卖出去，回家路上看到几尊地藏菩萨像在雪天里受冻，就把那些斗笠盖在了地藏菩萨像身上。妻子知道后，对丈夫的行为表示赞许。当晚，他们的院子里出现了各种各样的食物，夫妻二人望向四周，看到了几位戴着斗笠的地藏菩萨。

◀ 左图：1973 年，日本别府市，爸爸和妈妈。我曾经问过他们二人，他们如此不同，是什么让他们走到一起的。爸爸妈妈的回答却很相似："我们想一起看这个世界。"

▲ 右图：对于日本人而言，这里是一个圣地，日本武士曾把这里称为首都。20 世纪 70 年代，我的父母在这里相遇，这座庙宇是我们家"感谢"理念开始的地方。

かわいい [1]：可爱很重要

　　说到动画类作品，日本文化对于可爱之物有着极其独特的鉴赏力。"侘寂"理念能让我们看到不完美中存在的美，同理，"かわいい"能让我们在可爱中找到幽默与幸福。很多角色都是"かわいい"的典范，比如 Hello Kitty、马里奥和路易基、哆啦 A 梦、精灵宝可梦、轻松熊……而颜文字表情也是可爱的一种表现。幸福感能够激发感恩之情，因为它是一种对于生活的颂扬。我非常希望大家都能寻找身边的乐趣和幽默。在日本文化中，人们都很欣赏"かわいい"理念的传播，因为它能带来轻松感。

　　在日语中有这样一种表达——恩返し，可以翻译为"永远不要忘了报恩"。在我的人生中，我看着自己的父母将他们工作之外的许多自由时间都投入到社区志愿活动中，而且直到现在，他们还保留着这种习惯。我母亲在本地的日语学校当志愿者，在那里，她为日本文化教育、为保留我们社区中的日本文化传统帮忙筹集资金。母亲每年还会捐助动物保护组织。而父亲每周都会去一家二手物品慈善商店当志愿者，去我曾经读过的高中当志愿者，也去男孩女孩俱乐部当志愿者。当我问他，为什么决定把这么多的时间投入到志愿活动中时，他回答说："帮助他人能让自己感到心满意足，这也是回馈社区的一种方式。"这个道理表面上浅显易懂，然而在我们之中能真正花时间去做的人很少。但回馈他人的确是"感謝"练习的一部分。通过回馈他人，我

---

[1]　译注："かわいい"有时也写作"可愛い"。

们可以从更广阔的角度上看到自己拥有什么以及自己能够给予别人什么。

下面是练习感恩的一些方法：

培养耐心

"感谢"需要耐心。你没办法一直看得很清楚，而且事实上，在人生十分艰难的时候，想要心怀感激是很困难的。直到我变得更为自信，我才开始感受并理解真挚的感激之情。

我并不是一直都理解"感谢"理念的。成长的一部分，就是要让自己变得不再妄自尊大，变得更通情理，对他人抱有更多的同情心和同理心。就像岸边那些被冲刷过的石头一样，它们被那样多的浪涛打磨之后，变得圆润而平滑。但它们在形成这种形状之前，首先要历经许许多多的波浪。耐心一些，内心的感恩会与日俱增的。

微笑是由内心散发的光芒。

——日本谚语

将自己的感激之情体现在手写卡片或微笑上

将感激之情外现的方式可以很简单。我相信，一张手写的感谢卡片仍然是最能让人感到快乐的礼物之一。这张卡片一定会让收件人会心一笑，因为他们知道，正是因为你付出了时间与努力，才有了这张小卡片。小小的事物会积少成多——当你让别人感到幸福的时候，你自己也会幸福。所以，丢掉商店里预制的那些感谢卡片，让你自己的感谢方式大放光彩吧！

作为一种感谢方式，我喜欢去纽约城里的花卉区选一些清新而美丽的鲜花。我会把这些花带回家，分装在几只玻璃罐里，然后，给每只玻璃罐附上一张感谢便笺，将每只罐子分别送给不同的朋友。我记住了她们的个人喜好，因此，我知道她们会喜欢我送出的礼物。最后，还有一个细节，我总是亲手将谢礼送给我想要感谢的那些人。这也会让对方露出微笑，同时也能表示我的感激是真诚的。

不过，你不一定要按我的方法来表达感激之情！要表达自己的感激之情，方法有很多。比如烘焙一些曲奇饼干、给对方写信、给你和朋友们的合影镶上框，总之，你会在向世界传播"感谢"理念的过程中找到乐趣的。

按照自己的性格来表达感激之情

当你觉得自己对别人无可奉献的时候，要记得，你还有自己的性格。

在二十岁出头的时候，我曾有一段时间感到很失落。我记得自己低着头，打电话对父母说："我很抱歉，但是我需要你们的帮助。"父亲和我一起把我的东西收拾好，装进一辆搬家车，然后我回到了父母的家。这一切完全在计划之外。

我从未感到如此低落，也不确定一切是否还会变好。父亲鼓励我为自己的简历添上志愿者经历和社区工作经历，而不是继续为自己感到难过。他告诉我，为他人服务的经历会让我感激自己所做过的事。

不久，我参加了本地书店为一本书举办的一场活动，那本书由两位老师写成。书中具体列出了在我们社区乃至整个国家必须要靠贫民粮券才能生存下去的人口的数量。活动结束之后，我遇到了几位女性，她们邀请我去加利福尼亚的恩西尼塔斯帮忙分发救济食品，后来，我每周会去那里帮两天忙。我父亲说对了，接触并帮助我们当地那些有需要的人的确让我感觉不错。我此前的人生中一直都有可以堆成小丘的食品与饮料，它们与我后来见到的食物银行 [1] 中的食品形成了对比。在食物银行，很多人不得不排队等着领取食物，并以此养家糊口，这让我惊奇不已。对我而言，理解如此巨大的贫富差距是一个非常重要的时刻。

那段经历加深了我内心的感激之情，也让我的认识更为深刻。从我所处的现状来看，我对过去那些挣扎与挫败心存感激。我一度透支了自己的银行账户，一度既没有住处也没有工作，而我现在感激那些时光。

我常常觉得，正是那些时光提醒我，现在的自己多么懂得感恩。现在，我可以回顾过往，并开始好奇，如果我的人生不曾那样支离破碎，我还会是现在的我吗？很可能不会。那就是金缮，是对于自己人生的修复。

在我练习感恩的实践中，帮助他人这一部分一直持续着。现在，我做的慈善工作大多专注于解决饥饿问题，并为社会上有需要的人提供更好的营养条件。无论你行动的原因是什么，我都鼓励你以自己力所能及的方式回馈他人。像我一样，你也会发现，这是融入社会的基本条件之一。

相聚在一起（一緒）

在日本文化中，用餐是家庭中的神圣时刻，家人们坐下来，陪伴着彼此进餐。在日语中，"一緒"的意思就是"相聚在一起"。这个词的意思还可以是"同一个地点，同一个时间"。在我成长的过程中，父亲总对母

---

[1] 译注：即 food bank，指领取捐给穷人或无家可归者的食物的地方。

亲说出这句话（比如他们一起去好市多连锁超市的时候），宛若说情话。

在每顿饭之前，日本人都习惯于说一句"我开动了"，对构成餐饭的每一部分都表达了感激之情，也对参与到制作餐饭的每一个环节的人表示了感激。我们会感谢自己的父母（通常，我们会感谢妈妈做出了这顿饭，并且感谢爸爸赚钱养家）。在吃完每顿饭的时候，人们会说一句"多谢款待"，其意为，餐食很美味，感谢厨师款待。

在我成长的过程中，我们家很少不在一起吃饭。日本的家庭往往也会一起旅游。每当我去日本旅游时，母亲和我每天都会去市场，然后一起在祖母的家里烹饪，一起用餐。如果外祖母和小姨婆卓子（外祖母的妹妹）也和我们一起吃的话，我们会觉得非常幸运。

在我长大一些之后，我更加理解"相聚"的价值了，尤其是对于我姐姐、我母亲、父亲，还有最好的那些朋友而言。

培养真诚

当我思考日本文化时，有一个词总会涌入我的脑海：真诚。在之前的章节中，我说过，在祝愿别人"気をつけて"时，真诚很重要，但其实，这一理念可以延伸到生活的方方面面。对我而言，真诚意味着以最为真实可靠的方式与他人交往，在这种情境中，你以真实的自我去认知真实的他或她。这个理念需要人们以诚实的态度交流，让行为与信念保持一致，要将其他人的兴趣记在心中，因为你真的很在乎他们。这代表有道德操守。

当我们进行"感谢"练习的时候，我们就是在敞开心扉，让自己感受到感恩之情，并且引出一些美妙之物。但"感谢"理念的关键要素仍然是真诚——你的一切言行必须由你的真心来决定。当你夸赞同事的工作表现时，请真诚一些。当你真诚地告诉自己一个月没见的女朋友，她是多么光彩夺目、美丽动人时，感受一下自己的内心体验如何吧！

思考你所做的工作

这份工作有意义吗？你想要向别人讲述这份工作吗？这份工作能激发你的情感并为你带来改变吗？这份工作可以为你创造时间与空间，让你变得真诚吗？当你问候同事早安的时候，你话语中的真诚有几分？在这份工作中每天做出一点改变，使自己更为真诚，这样做可行吗？

尽量不要将虚假的感激之情投入实践——如果你的内心没有感受到，那就不要说出来。每个人都想要被爱、被需要，都想成为社区的一部分。你有权力、有能力成为每个人生活中的这样一种存在，你的人生与一呼一吸也允许你这样做。但要做到这一点，你首先得真诚。活得积极一点，乐于称赞他人，成为别人生活中的阳光，那样，在你还没有意识到的时候，光芒就会照回你身上。要记住，真诚这种品质不是在街角的市场里就能随意买到的，你也不可能在一个星期内就掌握其要义。它需要你付出努力，向内自省，并努力地与他人建立真实可靠的人际关系。所以，我们自身的裂缝作为我们人生的一部分，其实是一种礼物——"金缮"之道关乎人生经历，而我们的人生经历能让我们对他人产生更深刻也更有意义的同情心。

练习对于过去的感恩

在日本文化中，尊敬家族中的长辈是一种传统。而这种实践也有一部分根植于感激之情。所谓尊敬老人，包括与他们一起共度时光，倾听他们的经历，并且向他们学习。我们先辈的智慧是我们所能收到的最佳礼物之一。

与其试着去撰写一种新的健康生活方式理论，倒不如从我们智慧的先辈身上学习，他们非常乐意将自己的经验传授给我们。健康生活方式在菜谱或者营养品里是找不到的。健康的生活方式并不是你可以买来的商品。真正健康的生活方式应该是通过研习自己的过去以及文化中的传统而习得的。我希望西方文化能够从一个特别的角度看待老人，就像我观察到的日本人所做的那样。我们必须心怀感激地接受老人们的馈赠。

每当人们问我"如果你可以邀请一个人共度晚餐，你会请谁"，我总会回答："我的祖父母。"我希望自己能有一个机会，同时和我的日本外祖父母以及波兰祖父母共进一餐。当他们还和我们在一起时，我还太小，而且当时有语言障碍。我们曾一起欢笑，一起烹饪，但那时我还没办法问出我现在想要问他们的那些问题。那些问题是关于他们的成长经历、关于战时的波兰和日本、关于他们觉得自己人生中很有意义的那些故事的。如果你足够幸运，现在家族中的老年人仍然健在的话，不要对他们视而不见。反之，你应该在这件事上练习感恩，并且对于他们所能提供给你的智慧心怀感恩。

在日本四国岛，我遇到一位年逾古稀的女性导游——野田女士。她带领我在美丽的四国岛徒步旅行（详见第268页）。四国岛上共有88座寺庙，她通过漫长艰苦的朝圣，拜访全部寺庙超过26次。我询问她面对要求如此严苛的工作感觉如何，她真诚地说："坎迪斯，我为自己的工作感到自豪。"这样的回答在日本并不罕闻。

在能登半岛，我遇到了前川夫妇，他们几十年来一直在制作传统柿饼，就像他们父辈那样。前川先生这样告诉我："我还不打算退休，当我想退休时，我会将工艺传授给我儿子（年近六十岁），他将接管这项业务。"他对自己的家族和传统充满了感激之情，并深感自豪。

看老一辈们工作——他们眼中的光芒，他们对细节、完美和诚信的重视——会让你觉得自己应该更加努力。许多日本人都选择将一生献给工作，并享受工作中的快乐。我们需要向老一辈的人学习并致敬，并传承这些真诚、尊重内心的传统。

▲ 前川一家让我们看到了什么是感恩。他们献身于工作，这是他们人生的召唤，而这种现象在日本的传统工艺界很常见。

10

人 生 道 路
上 的 小 礼 物

◀ 日本四国岛。我最喜欢的导游野田女士与我分享了她非常有价值的祈祷书。在一生中的
朝圣之行中，人们带着谦恭将这样的书本保存起来。

在我最近一次日本之行中，最后一站是四国岛。四国岛是日本的四个主要岛屿中最小的一个，成千上万的人将这里视为圣地，每年都会来朝圣。四国岛上的朝圣被称为"四国遍路"，拜访四国岛山地中的 88 座庙宇这件事位列多数日本人的愿望清单之首。一次真正的朝圣之旅包括拜访全部 88 座寺庙，其间朝圣者会在每座寺庙里祈祷，并在自己的祈祷书上盖章，除此之外并没有其他规矩。只要出现在那里，然后开始行走，你就已经开始了四国岛朝圣。传统上讲，朝圣必须通过行走来完成，这需要花费 50 天以上的时间。现在还有一些人（少于 5% 的人）会那样做，而大多数年轻的朝圣者会用开车或乘坐公共汽车代替艰苦地跋涉，在一个星期内完成朝圣之旅。

　　最近，随着西班牙北部圣地亚哥朝圣路线（Camino de Santiago）的流行，越来越多的西方人开始对四国岛艰苦的朝圣路线产生兴趣。然而，因为这条朝圣路线很长，目的地之间的距离又远，所以朝圣者可能行走好几天也遇不到其他非日本籍的朝圣者，而这也正是我觉得四国岛朝圣很酷的地方。

　　在朝圣之旅中，祈祷书很重要。这些美丽的书本中盖满了红印，人们认为这种书本非常有价值。在我开始自己的朝圣之旅时，我遇到了一些四国岛当地人——佑佳、由纪，还有我们很棒的导游野田女士。当地人待人总是很温暖，也很欢迎外国朝圣者，会送他们一些小礼物，沿途说几句加油打气的话。我的新朋友也不例外。由于我之前从未到过四国岛，她们就邀请我加入她们的队伍，并且主动充当起了导游。当我们开始爬山去往第一座庙宇时，她们首先教会了我"お接待"这个词。她们告诉我，这个词是四国岛本地语言，指的是朝圣者在朝圣途中所收到的礼物。此处的礼物不单单指物质层面的东西，也指他们所受到的暖心欢迎，以及这些朝圣者沿途遇到的他人的友好款待。这些朋友向我解释道，哪怕只是某一天的阳光，也可以被视为"お接待"，因为它让旅行的条件变得更为宜人了。无论何时，这个世界给了你一天的阳光，那就是"お接待"。让自己沐浴其中吧，因为礼物正是用来享受和感激的。

在这趟旅途中，我最大的收获不是物质上的纪念品，而是一种新的精神，这种精神根植于对热情好客的理解。我的导游们让我明白，任何形式的好客都可以被算作"お接待"。帮助朋友或家庭成员可以算"お接待"，帮助一位老奶奶爬上山——甚至只是帮助她过马路——也可以算"お接待"，因为你通过自己的赠予，让他人的旅途变得更为轻松了。在列车上让座也是日常生活中的"お接待"。

正如由纪小姐所解释的那样："'お接待'也包括你给别人的暖心祝福，或者别人给你的祝福。也许他人不能和你一起朝圣，但他们将自己的祝福托付给你，那么你是在带着他们的'お接待'朝圣。"在你自己的生活中，简简单单地为他人祈祷，或者平平安安地完成一段旅程也算"お接待"实践的一部分。

"お接待"的理念深深根植于四国岛人们的生活方式中，你可以明显地看到这一点——礼物馈赠、人际邀约、暖心的欢迎。这种美妙的慷慨精神创造出了一种温暖与快乐的感觉，只要在他们身边，你就能感受得到。

在四国岛的时间为我带来了变化。我在这次朝圣之旅中只去了 5 座寺庙，但我计划在另一次探访传统之旅中走完这 88 座寺庙。日本的女性一般并不习惯表露情感，尤其是在公共场合。然而，在我们朝圣之旅的最后一天，在善通寺（四国岛上的第 75 座庙宇、日本佛教真言宗的创始人空海大师的出生地），发生了不平常的事情。佑佳、由纪和我互相注视着，然后，我们的泪水夺眶而出。快乐、悲伤、分别将至的感觉涌入心间。虽然我们只在一起待了几天，但我从她们身上学到了很多，也感到自己与她们心意相连。

日常生活中的"お接待"

在你的日常生活中，"お接待"可以有很多种形式。"お接待"是你通过分享自己最为独特、最为真诚的东西送给世界的礼物。对我而言，这一过程就是写作。

作家玛丽安·威廉姆森通过自己的文字赠予我一个很棒的礼物，她鼓励我们与世界分享我们的"お接待"：

> 你的碌碌无为于世界无益。畏缩并非明智之举，这并不会让你身边的人更有安全感。我们都注定要发光，就像孩子一样。我们生来就是为了展示我们内心神的荣耀。这种荣耀并不只限于对特定的人，而是存在于每个人身上。我们在努力地让自己的光芒闪耀时，也在无意中默许我们身边的人这样做。当我们让自己从恐惧中解脱时，我们的行为也会让他人得到解脱。
>
> ——玛丽安·威廉姆森，《爱的回归》

正如我在前文中所说的，我所继承的传统以及我的出身与我身边的许多人不同。但正是因为这些差异，我才得以发现并感激我们每个人的美丽与独一无二。无论我们是谁，无论我们来自哪里，每个人都有自己的也只属于自己的观点。每个人的才华不同，能奉献的东西也会有所不同。记住，你——那个真正的你——就是一种馈赠。与这个世界分享真正的自己，这一点难能可贵。

以下是"お接待"的一些练习方法：

分享自己的才华

与他人分享自己的才华是一种很棒的练习"お接待"的方式。办一个工作坊、指导一支队伍、用自己的技能帮助别人，这些都会为朋友带来方便。捐赠你的手工艺品，或分享自己的家传菜谱。如果你能够选择一种可以展示个人天赋的职业，那么这份工作会为你的人生带来满足。在这一过程中，它也会将你引向自己更为深刻的目标，即"生きがい"[1]。我可以向你保证，当你开始帮助他人时，你的人生使命会更加清晰，更加充实。

分享自己的知识

正如我从小到大一直看着母亲所做的，教育他人是你能给出的最佳礼物之一。这种教育可以是给一个班级上课，也可以是成为家教志愿者。知识会让大家更有力量，其益处是无限的。又或者，你也可以自学！就在此时此刻，让自己的人生更为充实，何乐而不为呢？报名参加一个你一直都想加入的学习班，或者买一本书，学习未曾接触过的领域的知识。

---

[1] 译注：可译为"人生的价值""生活的意义"。

分享自己的家园

正如四国岛的人们向我们展示的那样，好客的行为会同时为给予者和接受者带来快乐。为自己的朋友或家人在家里做一顿晚餐，邀请一位住得比较远的朋友来家里做客，带别人去你最喜欢的附近街区走一走，或者带一位朋友去看看你最喜欢的本地景点。

分享自己的内心

不是所有的礼物都是看得见的，有一些礼物只能被感受到。就像四国岛当地人对待朝圣者那样，无论你身在何处，你都可以将自己的鼓励传达给别人。这样的鼓励可以是对某个正在努力奋斗的人的指导或帮助，或者，也可以更主动一些。你可以告诉你的同事，你觉得他们现在做得很棒，也可以感谢你的家人、室友或在某些事上成绩显著的其他人。

这本书就是我的"お接待"，是我给你们的礼物。当你需要的时候——如果你现在正在努力奋斗、感到自己身陷困境、正在经历心痛，或缺少灵感与启发——我希望我的这些文字能够为你带去新的思维方式或生活方式。我希望我的书能为你创造一个机会，激励你重新开始，拥抱你自己，拥抱你独一无二的过往，正是那些经历成就了今天的你。

正如我一开始所写的，这里的每一项练习都只代表字面意思：一项练习。它们会不断地帮助你，而你会日复一日地改善自我。但你必须持之以恒地进行练习。就像金缮工艺一样，这些原则会在生活的每个阶段帮到你。

在"改善"理念的指导下，你会不断努力，变得更好，但完美是永远达不到的。如果你觉得自己正在追求完美，我建议你将那种感觉埋藏起来，然后继续在生活的正轨上行走。要记住"頑張って"理念所表达的，永远尽力而为，但也要记住，尽力而为就足够了。

完美是不可能的，而不完美之中存在着美，不完美本身也是美丽的！要记住"侘び寂び"理念，在意想不到的地方寻找美。不完美是事物的正常状态——秋日的转瞬即逝、叶片颜色的变化，是的，还有每个人的各种不足。

如果你发现自己现在处境艰难，却又无法改变这一切，"仕方が無い"！如果有些情况无可奈何，那就不要再折磨自己了。停下来，深呼吸，然后放手。

如果你需要有人来让自己振作起来，可以看向自己的"ゆいまーる"：那些让你自己感觉良好的人、那些一直将你的兴趣爱好铭记于心的人、那些真正因为你就是你而爱着你的人。

以平和的心态面对旅途中的处境。练习"感謝"，对生命中的一切都怀有感激之情——无论是对于所遇之人、自己的经历还是各种各样的机会。

关爱自己。如果你能妥当地关爱自己，也就能更好地练习"我慢"，让自己变得十分坚韧。

更为重要的是，要以金缮之道看待自己的生活。我们每个人都会有状态不佳的时候。要相信，自己现在的裂痕终究会弥合的，而在那之后，你会变得比先前更为强大。把那些金色的接缝看作能够使自己想起这段人生的美丽纪念品吧。用自己的方式治愈自己，以自己的节奏继续前行，然后庆贺你所经历的一切将你带到了自己人生中的此时此刻。

会到达自己想去的目的地的。但同时，也要相信，你现在正处于你注定会到达的地方。

祝大家一切顺利。

请多保重！

新潟

佐渡島

能登半島

东京

镰仓

富士山

京都

广岛

宫岛

松山

奈良

大阪

高野山

祖谷

别府

四国岛

冲绳岛

探索日本

太阳升起的

那片土地

日本是我写这本书的灵感来源，也是我的故事开始和结束的地方，所以我忍不住想要分享一些我最喜欢的日本旅游目的地。虽然日本是一个小国，和美国的加利福尼亚州差不多大，但日本真的有很多值得探索的地方！

更替变幻的季节以及国内多样的地形地貌使得日本在任何季节都值得游人一去——从北部的新潟县到最南端的冲绳岛，每一处都值得一去。我自己下一次会去北海道，还会去四国岛，走访那里的全部 88 座寺庙，进行一次完整的朝圣。在我自己的一生中，我还希望能更多地探索这个国度，在真正的工艺大师那里，一遍遍地用金缮技艺提醒自己。

高野山

高野山位于和歌山县，在大阪府南部，与后者相距大约两小时路程。高野山半隐半现于群山之中，为大自然及佛教寺庙所环绕，整体环境散发着平和的气息。当我去高野山时，生活的进程似乎停止了，在那里，我终于可以拥有属于自己的时间。高野山空气清新、氛围宁静，我认为它几乎是日本甚至世界范围内最有魔力的旅游目的地之一！

几年前，我和姐姐在大阪见面，从那里坐小汽车、火车，然后又坐缆车，到了我们在高野山停留的第一座寺庙。那里比城市里凉爽一些，景致壮观，真的宛如梦境。

如果你到了高野山，一定要在众多历史悠久的小径上徒步行走，看看在仲夏时节盛开的绣球花。当你徒步穿过奥之院墓地时，可以祈祷并进行冥想。试着品尝当地的精进料理（详见第 67 页），精进料理是佛教僧侣食用的带有虔诚意味的餐食，人们认为这种餐食神圣而简单，且与大自然和谐一致。我在高野山吃到了最好吃的核桃团子，而我们在居住的寺院中吃到的餐饭也是我一生中最难忘的几顿。

　　高野山是一个神圣的地方，一个可以让人们尊重和珍惜的地方。我特别推荐寺院住宿，在那里，你可以和僧侣们一起参加寺庙中的早课。每天早晨 6 点，我姐姐珍妮和我就会起床，加入当地人、僧侣和其他游客的行列，一起进行虔诚的祈祷。因为这样一个美丽的地方很难保密，前往高野山的游客已经明显增加，导致前所未有的大批人拥入高野山，在春秋两季尤甚。尽管游客们都受到了欢迎，他们也都尊重高野山的历史与文化意义，但还是有越来越多的人担忧，如果这一趋势继续下去，高野山的平静与和谐终会消逝。高野山是一个神奇的地方，我希望我们都能带孩子们来这里看看。我对

高野山所做的祈祷就是，在未来的几十年内，我们可以继续让这里保持平和、清净且和谐。

四国岛

在日本的四个主要岛屿中，四国岛人口最为稀疏，这座岛能够为游客带来很多惊喜，比如华丽的景观、一次佛教朝圣、美味的面条，还有你会在日本遇到的最友善、最温暖的人。在四国岛，人们每天都在练习"お接待"以及"我慢"理念！这里确实是圣地，在我们开路进山的过程中，我接受了"お接待"理念的教育，也得到了礼物，受到了殷勤的款待。

对于许多日本人而言，完成岛上 88 座寺庙的"遍路"朝圣之旅位于他们愿望列表的第一位。能够走完这全部 750 英里路程的人并不常见，许多人会在每年的节假日期间过来行走几天，直到他们将这条路线走完。也有人会等到退休之后，在一周的时间里乘坐巴士完成这趟旅途，这也很常见。在这件事上，没有太多规则，只要出现在这里，然后开始行走，就可以算作一次真正的"四国遍路"朝圣之旅了。

来自"发现四国岛"之旅的几位可爱的女性——由纪、佑佳和我令人赞叹的导游野田女士——教会了我和我的心灵很多。我永远不会忘记我们一起欢笑、一起落泪、一起走朝圣之路的经历。

> ▶ 日本四国岛：与亦师亦友的野田女士以及由纪女士一起，我们开始了这段 88 座寺庙之旅！在日本，我们会这样说："よいしょ！Yoisho!"[1]

---

[1] 译注：作者未用英文译出这句话，这句日语应为一句用于加油打气的口号。

祖谷

祖谷位于德岛县的中心位置 (是四国岛的一部分)，它就像日本境内被隐藏的珍宝一样，(到现在为止) 在美国民众中还不是很知名。我觉得，在我去过的所有地区中，祖谷是自然景色最美、环境最宁静的地方。

在祖谷，我品尝到了美味的自制荞麦面和油炸豆腐，也做了远足旅行，并且拍摄了很多这座华丽山谷的照片，这里的山谷仿佛被时光遗忘了。我遇到的当地人带我去参观他们的农舍，那些农舍坐落在陡峭的山坡上，而农民必须应对这样的挑战，在坡地上劳作。

我在祖谷游历期间发现的一个亮点是一个满是玩偶的村庄。在那里，一位女性制作了三百多个真人大小的玩偶，用于纪念自己曾经的邻里们，并将这些娃娃放在这座曾经繁荣的村庄里，而她所纪念的那些邻居后来都搬去了大城市，或者已经去世了。那些玩偶就像在公交车站等车，在经营着当地的咖啡馆，在修理着电线或者在当地的学校上学。这样的经历令人难以置信，却又有所触动，它凸显了日本偏远乡村人口下降的影响，而过于麻木的人是观察不到这种现象的。

松山市

松山市是爱媛县的首府，也是四国岛上最大的城市，但它至今仍然保持着宁静而悠闲的氛围。

这里有著名的道后温泉[1]，小镇中的一部分水域因其治愈功效以及有益于健康而知名，水流流经数十个浴房以及传统的旅馆，吸引着世界各地的游

---

[1] 译注：日本三大古泉之一，另两个是有马温泉和白滨温泉。

客来这里寻找此生难再有的体验。

当地农民可以收获很多农作物，从水稻到红薯，从蜜柑到金橘。这个地区的气候非常温和，许多主要农作物一年之中会有两个收获季节，这并不罕见。

广岛

在广岛独自旅行的经历是我在日本期间最难忘也最多愁善感的一段时光。我的心灵、我继承的传统、我所学到的日本和美国的历史都在广岛深深交织在一起。我来到广岛，学习并且感受过去——关于美日关系的故事。当我游览广岛和平纪念公园的时候，我看到了广岛和平纪念碑，那是轰炸之后尚存的最后一座建筑物，我对战争所留下的深深的伤痕进行了反思。

我参观了被原子弹轰炸过的医院的原址。我沿着 T 形的桥行走，这个位置曾是美国军队的轰炸目标。我看到了在博物馆里陈列的手表和钟表，它们的时间都停在了早上的 8:15。这些印象在我的头脑和心灵中留下了印记。对于一个自豪的日裔美国人而言，参观这样一个景点并不容易，而且让人非常情绪化，但这件事也一直是我人生所呼唤的一部分。

广岛浸透在毁灭性的历史中，而那里的人们也算是世界上最为坚韧的一批人。他们展望未来，也始终尊重过去。他们将"我慢"理念烂熟于心。我们可以从他们身上学到很多。我强烈建议读者去参观广岛，去看看这座克服了困难并且已经将金缮之道融入其生活方式的城市。

宫岛

宫岛又有"神之岛"之称,是广岛湾西北部一个神奇的地区。宫岛上的严岛神社,即水上鸟居,景色令人震撼——在涨潮时,鸟居似乎优雅地坐落于水面上,在退潮后,人们可以步行走近它。你会被那里的景致迷住:野鹿在四处漫游,那里还有新鲜的海鲜,以及令人难忘的枫叶馒头(用红豆酱以及像薄烤饼一样的饼皮制作的当地特色甜品)。

宫岛是一个充满幸福的地方,非常适合孩子游玩,也适合情侣去参观。我希望自己很快就能再去看看那令人震撼、历史悠久的水上鸟居。

▲ 泡温泉无疑是我在日本期间最喜欢的三大消遣方式之一。诚然,泡温泉是让自己放松并且冷静下来的最佳方式。

别府

别府位于九州岛的最南端，那里是我母亲的家乡，我也将别府称作自己在日本的第二故乡。母亲于 1950 年出生于别府市。在别府，你能看到一些自制的拉面、团子以及仙贝（松脆的米饼），还有景色美丽的公园，当然，还有日式天然温泉。我在这里第一次体验到了泡温泉的感觉，第一次尝到了外祖母的烹饪手艺，第一次看到了外祖父的艺术作品，也第一次感受到了母亲真正的心神所在。

这里有世界知名的九州拉面（母亲每年都会给我们带），也有自制荞麦面，还有美丽的别府湾以及高崎山（猴子们很喜爱这座山）。从五岁开始，我时常会去别府市旅游，但我仍然没有探索够这个小小的、让人想要不断探险而又美丽的小城。来这里旅游时，请尝一尝当地的拉面（小巷里的那些拉面店味道最好），你也可以整日浸泡在温泉里，让自己放松下来。我们欢迎你来别府旅游！

奈良

奈良曾经是日本的首都，日本许多最古老的传统也起源于奈良，比如日本茶道以及相扑。通过丝绸之路，各种各样的习俗、物质材料以及实践方法都通过奈良被引入了日本。

奈良的位置靠近京都，可以为游客提供很多东西。奈良的人们温暖而好客，而且对于自己脚下的这片土地感到非常自豪。我在秋天到达奈良，被

◀ 日本奈良：一个仍然捕捉得到日本纯净而传统的精髓的地方。

那里金色的芒草（类似于蒲苇）草原迷住了，那片景致被人称作曾尔高原。在那里，我吃到的最难忘的一餐是一顿日式火锅，原料有牛奶、新鲜的荞麦面以及当地种植的绿色蔬菜。那时我们所吃的每一样东西都在提醒着我们实践"荣養食"理念，即留心滋养自己的身体。我非常幸运，一位当地的老奶奶陪伴了我一段时间，还让我去她家品尝了她自制的美味米饼、甜点以及茶品。我还拜访了当地的一些农户，与他们一起收获了绿色蔬菜。下一次去奈良旅游的时候，我想要探访当地那些友善的鹿，它们会在寺庙之间漫步，人们将它们视为"神的使者"。

能登半岛

能登半岛并不在主流旅行路径之中，那里以乡村为主。能登半岛是从石川县延伸出来的，进而延入日本海。农业和渔业仍然是那里的主要产业，而且那里的人仍然遵循着传统的日式生活方式，这样的生活方式已经为世世代代所传承：做农活儿，在本地的社区进行社交活动，在附近的寺庙和神社里祈祷。

正是在能登半岛，我遇到了山崎先生以及令人难忘的前川一家，前川夫妇仍然带着对于自己手工艺的爱与热情制作柿饼（当地人称为枯露柿）。我会永远记得自己第一次看到手工制作枯露柿的过程，而他们家族已经将这个流程实践好几个世纪了！我从这些人身上学到了很多东西——努力工作是一个永无止境的过程（这与"改善"理念正相符！），而且，如果找到了自己喜欢的东西，你就应该为此感到自豪。

冲绳

冲绳被称为"蓝色地带"，那里的居民强壮健康，且较为长寿。冲绳位于九州岛南部600英里，我完全被这片充满魔力的热带岛屿、岛上的居民、它的文化传统以及食物迷住了。那里的人用自己的适应能力以及坚韧性格，经受住了令人难以置信的种种变迁。冲绳岛上的居民富有爱心，坦率，勤劳，也是我人生中见过的最幸福的人。

在这个世界上，冲绳当地的餐食是我的最爱之一。冲绳人在烹饪时会用很多色泽鲜艳的水果和蔬菜。其中我最喜欢的是红薯、苦瓜与甜瓜，还有自制的豆腐（这是冲绳最棒的食物，因为这种豆腐微微被盐腌过，而且每一天的豆腐都是新制作出来的）、清新而鲜艳的火龙果，以及当地的味噌酱，这种味噌酱与日本传统的味噌酱相比，口味明显不同。

　　我会永远记得我的冲绳朋友麻理与广美，她们带我游览了她们的家乡玉城。玉城是日本的一个海滨小镇，非常适合跑步和划船。麻理和她的家人在这里开了两家餐馆：浜辺の茶屋 [1] 以及山の茶屋 [2]。

---

[1]　编注：意为"海滨茶馆"。
[2]　编注：意为"山上茶馆"。

你还可以前往附近的奥武岛和久高岛进行一日游，那里十分僻静，非常适合骑自行车。在冲绳，可以学到美国、日本、韩国以及中国的很多历史。我推荐大家探访冲绳的和平纪念公园，也可以游览战时很多本地人寻求避难的山洞。

冲绳景致郁郁葱葱，那里还有美丽的海滩、水彩画般的日落、友好的当地人，以及令人难以忘怀的独特餐食。在海滩附近，还会有当地工匠售卖陶器与特色小礼物。

我建议坐飞机前往冲绳那霸，然后租一辆车，

前往新原海滩、玉城或本部町海滩，在那边附近住宿。与朋友或爱人一起去探索人们常走的路。一些地区的海滩仍然十分僻静，你可以尽情地骑自行车、游泳，钓鱼，浮潜、徒步穿行或者划船！冲绳如此令人难以忘怀的一点就是它十分独特的坚韧（"我慢"理念！）文化以及岛上美丽的居民。

▲ 日本镰仓：在这里，我母亲遇到了我父亲。想到他们的爱情故事，我仍然会落泪。每当我得以参观镰仓大佛时，我都会想到他们在这里的初遇，那是这般不可思议。

大阪

大阪是日本第二大城市，紧随东京之后。大阪以其多样化的饮食而著称。本地人将大阪称作"吃货之城"，因为这里形形色色的餐馆以及各种各样的食物要比东京集中得多。

当地人心地善良且直率，他们讲自己的方言，喜欢展示自己的热情好客。如果你想探索当地美食、购物商圈、夜生活，同时更多地了解这座城市的话，一定要去道顿堀看看。尝一尝章鱼烧、日式煎饼、当地的啤酒（我喜欢惠比寿牌的），还有烤鸡肉串和乌冬面。母亲和我一起在大阪度过了一段美好的时光，我们尝遍了当地所有食物，也很享受那里的夜生活和大阪当地的节日。我会永远喜欢大阪这座城市的，因为它有那些令人难忘的美食和购物中心，而且在这座城市里，你很可能会像任何一个正常的外地游客一般，迷路，然后漫无目的地四处探索。

▲ 别府公园：在这里，我们全家人会一起体验生活。这座公园让我学到了很多。

东京

每当飞机在东京着陆，我的内心总是会这样说："你到家了。"我推荐大家去看看明治神宫以及涩谷十字路口 [1]、在某条不知名的小巷中买一些寿

[1] 译注：涩谷十字路口是世界上最繁忙、人流量最大的十字路口，据称，每分钟有3000人通过这一路口。

司、想吃多少天妇罗和团子就买多少、喝一喝日本啤酒，然后和当地人一起在深夜的居酒屋中享用烤鸡肉串。在东京，你和富士山的距离近得足以看到它，你还可以参观风景秀丽的镰仓，那是我的母亲和父亲在镰仓大佛前相遇的地方。对于我以及许多见证了其强大供给能力的其他人而言，东京是一个神圣的地方。

在过去的六年里，母亲和我一直保持着一种特殊的联系，我们和母亲大学时认识的老友们一起在东京进行研究。我们总会在当地的地下百货商场购买午餐便当（在日本，地下的百货商场一般满是各种美味的食物！）然后乘坐本地 JR[1] 的山手线前往上野公园，在东京都美术馆前享用我们的便当，而我外祖父的印象派画作曾在这家美术馆中展出。东京也是我母亲上大学的地方，她在二十岁出头的时候成了一名学校老师。这座城市代表着我母亲的年轻岁月，而我在这座城市中追寻着她的脚步，对我而言，这件事有着特别的意义。

富士山

在日语中，"富士山"的发音为"Fuji-san"。从东京出发，乘坐新干线（子弹头列车）大约需要一小时，才能到达富士山。适宜攀登的季节短暂且人流拥挤，即 7 月 1 日至 9 月 4 日，山顶可能寒冷且泥泞，所以一定要做好准备再来！在登山之前做好功课，如果你愿意的话，可以预定一次团体攀登，并在即将登顶时在登山者的小屋中稍作逗留。

我是只身前往富士山的，这是一次神圣而治愈的经历。我将饭团和饮

---

[1] 译注：即 Japan Railways，日本的大型铁路公司集团，为旅客提供铁路客运服务。

用水打包装好，穿上我最舒适的衣服，准备好晚上戴的头灯以及一副手套。当时我住在山间小屋，我也强烈推荐这种选择（你需要在登山前预定这种小屋）。在山顶的时候，我的屁股都快冻掉了，所以，如果计划登顶，一定要多穿几层保暖衣物！如果你的计算准确的话，你还可以在山顶看到日出。在那一刻，我觉得自己距离神明非常近。

富士山被联合国教科文组织列入了遗产名录，它还是一个非常受欢迎的旅行目的地，对于日本人和外国游客都是这样。你可以在一两天内爬完整座山，这取决于你的技能水平，但请一定要気をつけてね！（多多保重！）当你完成攀登之后，可以在山上的餐馆里喝点味噌汤，吃点米饭和日式泡菜。然后，你可以考虑去当地的温泉浴场，放松一下自己酸痛的肌肉。

▲ 在佐渡岛上，厨师尾崎先生和他极好的家人招待了我。我们一早上都在搜寻各种蘑菇，到了晚上，我们为大家做晚餐。

▶ 在佐渡岛上划船。我是说，为什么不试一试呢？

佐渡岛

佐渡岛就位于新潟的西海岸，整座岛呈一个大大的无限大符号的形状，岛上大约有 5.5 万人。

在我旅途的最后一日，我极具才华的厨师朋友尾崎国明，带着我和他极具冒险精神的家人一起去采摘野生蘑菇。要记住，只有和相关的行家同行的时候才可以采摘蘑菇，这样才可以确保收获的蘑菇都是安全、可食用的！

在佐渡岛，我做了游客可以做的一切：摘苹果，摘柿子，看看当地人如何烘烤新鲜的日式香蕉面包，进行森林浴，之后我还和慷慨的导游富士子一起烹饪并共进午餐。当时，我还和参加 JET 项目[1] 的几位美国老师待了一段时间，我看到他们对于这座安静的佐渡岛充满了好奇。我永远不会忘记佐渡岛上的那些人：他们善良、礼貌、独立，而且永远保持优雅。他们赠予了我许多礼物，我都很珍惜：佐渡稻米、佐渡坚果特产以及岛上的甜味剂。如果你正在寻找一个平和且安静的旅游目的地，佐渡绝对算得上我去过的最悠闲的地方之一。在这趟旅程中，我遇到了那么多特别的人，我永远不会忘记，他们让我觉得自己多么受欢迎。十分感谢你，佐渡岛。

新潟

新潟县被称为"清酒县"，因为它拥有种植酿酒所需稻米的完美气候，而且九十多家清酒酿酒厂都在这里！当地冬天的滑雪条件在世界上可以名列前茅，而我强烈推荐，在与滑雪的斜坡奋战了一天之后，去洗个温泉热水浴。

---

[1] 译注：即 Japan Exchange and Teaching Programme，可译为日本交流与教学计划项目。

我在新潟停留的时间不长，当时我是在一个名为越后汤泽的山区小镇里待着，但当地人作为东道主，好客的程度令人难以置信！在一家迷人的有400年历史的日式泡菜工厂，我们做了一些关于当地的研究，而在那家工厂里，他们像仍在过去那些好时光里一样，用手工的方法完成一切！我住在越后汤泽温泉旅篮井仙酒店里，那是一家可爱的老旅馆，就位于火车站旁边，出行方便。在新潟旅行期间，温泉以及当地的清酒是我的最爱。

京都

在奈良作为首都的时代过去之后，东京成为首都之前的一千多年时光里，从公元794年到公元1869年，京都是日本的首都。京都因为其境内众多的寺庙与神社、古典的建筑、艺妓文化以及人们对于传统艺术与怀石料理的热爱而知名。

京都到处都是好客的东道主，而京都的居民也恰如其分地为这座美丽

▲ 如果你来到京都，一定要去看看锦市场，而且要在早晨去，越早越好。

的城市感到骄傲。在锦市场，一个吃货可以逛上一整天。

京都还因为赏樱活动，即日文中的"花见"，还有那些神圣而令人感到震撼的佛教寺庙与神社而知名。

尝一尝京都的特产，比如西京味噌与狐狸乌冬面，欣赏京都本地的陶器、手工匠以及令人目瞪口呆的日落景观。

必须一提，比起我在孩童时期所去的京都，现在的京都已经变得拥挤了很多。我仍然推荐你去游览让人见之难忘的伏见稻荷大社（千本鸟居），并在那里徒步穿行，但我建议你早一点去，或者晚一点去，以避开拥挤的人群。

我最喜欢的几个景点有金阁寺、景色壮丽的清水寺，此外，也不应错过在锦市场（非高峰时段）的购物体验。

最后，京都还是我第一次研习金缮这种神圣技艺的地方。当时，技艺精湛的金缮工艺大师津吉先生指导了我。

在罗伯特·耶林的陶瓷器长廊（Robert Yellin's Yakimono Gallery）中，你仍然可以找到世界上最名贵的一些陶器。而你一定能从中找到金缮之道，也能从中发现，京都这个历史悠久、被联合国教科文组织列为遗产城市的地方，仿佛处处都有魔力。

我在本书中谈到的所有内容，其种子萌芽都根植于京都，因此京都这座城市对我来说非常特别。

来自我母亲的一封信

亲爱的朋友们:

　　ディア フレンズ[1] ともだちの みなさん 友達の皆さん[2]

　　传统的日本正在发生剧变，世界上的其他各处也都一样。

　　开放的社会、开放的世界贸易、开放的自由言论。现在有这样多的选择、这样多的变化……

　　在某种程度上，日本人正在失去他们的传统。也许，日本人已经不如过去那般独一无二了。

　　但我们依然生活在新旧交接之处。日本人努力想要在各种文化的融合之中找到自己的独特性。

　　在独一无二的日本文化渐渐消逝之前，请来日本这个国度看一看吧。

　　我们欢迎你!

真挚的，坎迪斯的母亲

キャンディスの母

---

[1] 译注: 对应英文中的 "Dear friends"。
[2] 译注: 大意为 "朋友们"。

致　谢

ディアフレンズ

友達の皆さん

(亲爱的朋友们)

这本书是写给那些我尊敬并感激的人的。感谢你们的支持、你们的善良以及你们的知识。

　　妈妈，您是我们所有人不可思议的榜样。谢谢您，お母さん（妈妈），您的谦逊、知识和风度，让您成为一名世界的日语老师。您正是本书诞生的原因。您是我所撰写的这些日式理念背后的精神支柱。我每一页的写作都离不开您的帮助，这本书是献给您的！爸爸，您是最热诚的丈夫与父亲，是一个谦逊的人。感谢您成为姐姐珍妮和我的榜样与英雄。您坦率的内心和无私的行事方式正是我们为他人奉献一生的原因。珍妮，我们之间不必多说。你激励我，让我时刻忠诚且自信，我敬仰你。我以我们的成长环境为荣，也感谢你在日本为我提供的各种帮助！你就是我的指路明灯。

　　致我的熊井家族、小姨婆卓子以及田中一家，どうもありがとうございます（非常感谢）。我很感激我们一起度过的时光，以及有关我们家族的那些历史与传统。谢谢！

　　致我的格威亚兹多夫斯基家族，谢谢你们，萨莉阿姨、约翰叔叔、米奇和卡萨格兰德一家，谢谢你们无可争辩的支持。

致稻福一家：麻理，谢谢你与我分享自己的家庭经历。致裕子、野武还有哲先生，十分感谢你们！我们会为野武先生祈祷的。

致冲绳的青木广美和大池勋先生，谢谢你们付出的时间和真诚分享的知识，我很感激你们在冲绳与珍妮和我分享一切。

我要感谢四国岛的由纪、佑佳和野田女士，还要感谢尾崎先生及你的家人，富士子以及朋友们，还有佐渡岛的其他朋友，谢谢你们！那些在祖谷、能登半岛、松山市、广岛市、新潟、佐渡岛以及全日本各地，为我当过导游或帮助过我的当地居民，谢谢你们！

致日本高野山、四国岛以及其他地方的僧侣们，我尊敬你们以及你们所传递的光芒。谢谢你们。

致我的编辑朱莉·威尔，是你推动我去做更多更棒的事情。感谢你让我突破自己的极限，使我去往日本群山的边际，感谢你付出的所有努力。

致凯伦·里纳尔迪，感谢你对我的工作以及对日本的支持，还有你提供的知识、奉献与关心。我很感激能和你一起出版我的作品，凯伦！十分感谢！

致伊芙·阿特曼，你是我的明星文学代理人；谢谢你，伊芙，感谢你真正信任我的作品——你真的是一个优雅的女人。

致安迪·麦克尼科尔，你向我展示了如何变得坚强、如何成为一个更好的作家，以及如何成为一个榜样。谢谢你，安迪。

也致这些天使——克里斯蒂娜·苏亚雷斯、康斯坦蒂娜·科诺格雷斯、杰德·罗森堡、丹妮拉·扎莫拉、洛奇·欧文、奥利维亚·博伊斯、拉里萨·洛萨、凯莉安妮·鲁尼、利兹·隆巴迪、坎迪斯·斯特利、珍·巴特勒、塞西莉亚·史密斯，如果没有你们与你们的付出，我是不可能做到的。

你们带着热情、优雅和勤劳的精神走进了我的生活。谢谢你们!

致我的日语编辑——美穗·熊井·格威亚兹多夫斯基、栗冈沙织、夏子青木、由加里坂本、夏子山胁、友希葛原,非常感谢你们的编辑相关知识,谢谢你们,我以自己的文化为荣,而你们的帮助非常有价值。

致我亦师亦友的劳伦·沙夫,非常感谢,你传播着我们深爱的日本文化,我深怀感恩。同时,也感谢马克·拉金的引荐!

感谢山崎和宏老师,感谢您与我以及您所有的学生分享智慧。我现在正期待着您的邮件,非常感谢。

致卡罗琳·多诺弗里奥,我们的编辑和开心果,你总能让我微笑。你很有才华,宛若珍宝,谢谢你。

致玛塞拉·康特拉斯,我爱你和你那不可思议的艺术作品!非常感谢。

致萨拉·豪根,感谢你的无私奉献和辛勤工作。致邦尼·莱昂·伯曼,感谢你的热爱与美丽的设计。

致罗娜·蒂松,你既是我的人生导师,也教我专业知识,感谢你让我知道了日本裔美国人这个身份意味着什么。能够与你交谈,我很自豪,也向我们的传统致敬。致詹姆士·希加,你也是我的心灵导师和专业老师,感谢你的指导。你以你的谦逊和智慧为我们中的许多人提供了一盏明灯。非常感谢。

致我的 WME IMG 家族:我的贾斯廷、伊芙、安迪、斯科特、朱莉、古格斯、珍妮、马蒂·B、罗伯、宝芬妮、戴夫、阿米尔。非常感谢你们这么长时间以来一直像我的家人一样。我们无法停止,我们也不会停止。

致斯特兰德·科诺菲尔,我热心的代理人,你给予了我现在的生活与工作,我永远感激你。致弗朗西斯科·塞尔萨莱和泰勒·朗德斯特维德,你们比这个世界还要好，谢谢你们！

致我的日本料理烹饪老师：伊丽莎白·安多老师、由加里坂本、妈妈与我的小姨婆卓子，谢谢你们，我只向你们这些最好的人学习。感谢美国日本文化协会、日本学会、小东京服务中心和森上博物馆，感谢你们保护我们的文化遗产。

致我的好闺密们：达娜·汉密尔顿、考茨·卢尼、史蒂夫·阿伦、米歇尔·哈尔彭、莫莉·桑德曼、萨伊尔·沙阿、梅瑞狄斯·舍伍德，我的闺密们，我不能没有你们的爱，正是因为你们的存在，生活才如此美好而快乐。

致我的好姐妹们，谢谢你们：利兹·普洛瑟、艾米丽·劳伦斯、汉娜·温特劳布、乔丹·加洛韦、莫莉、瑞秋、艾拉、埃琳、詹娜，我衷心地感谢你们！

致这个不可思议的专家团队，我很荣幸能与他们合作：米歇尔·哈尔彭、汉娜·科施娜、迪伦·戈因、萨凡纳·史塔克、朱丽·日海夏、罗伯特·雷耶斯、索菲·索洛、埃里克·瑞维拉、詹姆斯·克莱托、卡洛斯·加西亚、劳尔·桑托斯，谢谢你们的辛勤努力，我很荣幸能够认识你们。

致杰克·杰弗里斯，你的照片非常神奇，谢谢你。致凯文·金，我发自内心地喜爱你的照片。

致卡罗尔·李和丽贝卡·格兰特：你们在很多方面帮助了我，尤其是在照片的完整性上，谢谢你们！

致鲍勃·兰格、吉尔·史密斯、马尔科·郭、菲尔·戈登以及亚历克斯·戴维拉、席尔瓦，谢谢你们能够一直支持我，像我的家人一样。我很感激你们的团队合作！谢谢你们！

致我的健康生活方式姐妹团：莎拉·哈维森、莎拉·梅里尔、纳塔莉·乌林、瑞贝卡·肯尼迪、凯瑟琳·布迪格、温蒂·巴塔纳格、瑞秋·费雷尔、杰萨姆·斯坦利、凯里·格拉斯曼、李·霍姆斯、麦凯尔·希尔以及我在毛伊岛进行沉浸练习时认识的朋友，我支持并爱着你们每一个，**谢谢你们。**

感谢哈珀浪潮（HarperWave）公关团队的叶莲娜和艾丽卡，感谢你们的专业知识给我们带来了现在的生活，谢谢你们!

致女孩们：克里斯蒂娜、安迪、蒂娜、苏斯、艾丽莎、莫莉·洛文、詹妮尔、朱莉、克里斯托尔、杰斯·鲍曼、克里斯汀·阿内特、茵迪·李、艾米·达菲、杰斯·莫尔斯，从加利福尼亚到纽约，你们一直是我的小团队成员，我爱你们，感谢你们多年来作为朋友伴我成长。我重视我们的友谊。

致纽约的男孩们：巴里·帕拉斯拉姆、布兰登·特伦特姆、马特·佩吉特、阿赫塔尔·纳瓦布、马可·卡诺拉、亚当·罗桑特、理查德·里韦罗、罗克·迪斯皮里托，勇往直前吧。

致那些我钦佩的人：穆罕默德·奥兹医生、阿里安娜·赫芬顿、伊丽莎白·古德曼、米歇尔·普罗玛乌雷科、加贝·伯恩斯坦、索菲亚·阿莫鲁索、阿列克谢·布鲁伊、梅里斯·格鲁拉、近藤麻理惠和丹·比特纳，谢谢你们。我感谢你们做出的贡献，你们是全世界的榜样。

致我的朋友们：伊藤园食品、维他密斯破壁料理机、鲍勃的红磨坊、华忻办公、米亚、日本马卡、ABC 地毯与家居、伊甸园食品、品谱、阿迪达斯、美德威尔、自由人、爱绿色（Amour Vert）以及茹瓦（Joie），非常感谢! 我感激你们。

致我忠实的粉丝们，我谦逊地感谢你们。你们让我在分享自己的故事时感到很自在，而我希望你们也能这样做，将自己关于金缮生活法的故事分享给全世界。

　　致日本这个国家和所有日本人，致那些与你们心心相印、能够共同赏识脚下国土的人：愿你们在自己的人生中能够知道你们的文化遗产和传统将会在长达几个世纪的时间里，为人所倾慕。感谢你们允许我去日本学习，感谢你们接受了我，感谢你们成为我的榜样，感谢你们让我定下了金子般的标准。我保证，自己会对日本的文化传统怀有一颗真诚之心以及尊重与尊敬之情。頑張ってね、気をつけてね。致这世间守护着我的神明，感谢您赐予我的恩惠。我会继续带着真诚、忠诚与光亮的内心，帮助大家。どうもありがとうございます（非常感谢）。

关于作者

坎迪斯·熊井是国际知名的健康生活方式作家、厨师以及媒体内容贡献者。《世界时装之苑》杂志将她评为"黄金般的健康女孩"（The Golden Girl of the Wellness World）。她是 Well + Good 理事会的成员之一，2017 年被阿里安娜·赫芬顿列为 20 个模范人物之一。坎迪斯出生并成长于美国加利福尼亚州。她的母亲是日本人，父亲是波兰裔美国人，因而，她是在多元文化的家庭中长大的——她从小就开始接受日本的文化传统与饮食习惯。作为一名厨师，她接受过一流的培训，此外，她还是健康专栏作家，并且五次位列畅销书作家。作品有：《清新饮食法》（Clean Green Eats）、《清新绿饮》（Clean Green Drinks）、《完美饮食》（Pretty Delicious）、《食在性感》（Cook Yourself Sexy）以及《自制减肥餐》（Cook Yourself Thin）。

在健康与生活方式出版物方面，坎迪斯的合作报刊杂志有：《世界时装之苑》、《四海为家》（Cosmopolitan）、《好胃口》（Bon Appétit）、《塑形》（Shape）、《瑜伽杂志》（Yoga Journal）、《男士健康》（Men's Journal）、《华尔街日报》等。她还是"顶级大厨"（Top Chef）节目以及"美食频道"（Food Network）的嘉宾。此外，坎迪斯曾经担任过《美国铁人料理》和"击败鲍勃·弗雷"（Beat Bobby Flay）的评委。坎迪斯曾经是一名模特，她喜欢烘焙糕点，热爱抹茶与运动鞋。在空闲时间里，她喜欢的东西有牛油果、她的猫 Sisi，还有舞蹈课。如果你有自己爱的随笔，或者自己喜欢的食谱照片，欢迎在 Instagram 上 @CandiceKumai。欢迎访问 CandiceKumai.com 查看作者近况。

金缮生活法

〔美〕坎迪斯·熊井 著

闫 茗 译

图书在版编目（CIP）数据

金缮生活法 /（美）坎迪斯·熊井著；闫茗译 . —
北京：北京联合出版公司，2019.7
ISBN 978-7-5596-3119-0

Ⅰ . ①金… Ⅱ . ①坎… ②闫… Ⅲ . ①人生哲学—通
俗读物 Ⅳ . ① B821-49

中国版本图书馆 CIP 数据核字 (2019) 第 064110 号

责任编辑　昝亚会　夏应鹏
特约编辑　丛龙艳
产品经理　穆　晨

出　　版　北京联合出版公司
　　　　　北京市西城区德外大街 83 号楼 9 层　100088
发　　行　北京联合天畅文化传播公司
印　　刷　天津丰富彩艺印刷有限公司
经　　销　新华书店
字　　数　198 千字
开　　本　710 毫米 × 1000 毫米　1/16　20.25 印张
版　　次　2019 年 7 月第 1 版　2019 年 7 月第 1 次印刷
ISBN　978-7-5596-3119-0
定　　价　88.00 元

好书推荐：

《简单做寿司》
"好寿司的秘诀在于它的简单性。"
寿司宗师倾囊相授，颠覆重构寿司制作

《卫报》合作摄影师精致呈现

联合读创　　　联合读创
官方淘宝店　　官方微店

扫码关注，首单优惠

出版监制：辛海峰　陈　江
产品经理：穆　晨
责任编辑：昝亚会　夏应鹏
特约编辑：丛龙艳
印制支持：赵　明　赵　聪
营销支持：安玉竹　祁　悦　宋莹莹　宋玲云
封面设计：奇文雲海 Chival IDEA

做有价值内容的传播者

本书在个大新华书店、书城
京东、当当等网上商城均有销售
更多新书信息请关注：
官方微博：@联合读创
微信公众号：联合读创
豆瓣小站：联合读创
投稿邮箱：tougao@lhdcbook.com